똑똑한 엄마, 똑똑한 아이 키우기

최고의 영재를 탄생시킨 실제 성공육아기

똑똑한 엄마,
똑똑한 아이
키우기

마츠미야 카시코 지음 | 강성욱 옮김

경성라인

추천사

사람은 누구나 자신의 아이가 건강하고 훌륭하게 성장하기를 기원한다. 가능하면 보통사람들보다 뛰어난 사람으로 키우고 싶은 것이 모든 부모들의 솔직한 마음일 것이다. 지금의 '교육현실에 대한 갑론을박은 제쳐두고라도, 특히 아이의 육아법, 교육에 관한 관심과 중요성은 날로 커지고 있다. 그런데 막상 자신의 아이의 육아에 있어서는 의외로 무지하거나 실제 상황에서 당혹해하는 부모(특히 어머니)가 많은 것이 현실이다.

본서는 '남들에게만 맡겨서는 성공적인 육아를 기대하기가 어렵다거나 부모로서의 모든 능력을 발휘하여 아이가 인생을 풍요롭게 보낼 수 있도록, 한 인간으로 사회에 공헌할 수 있도록 키우고 싶다.'고 생각한 저자가 자신의 아이를 '영재'로 길러낸 실제 성공육아기록이다.

어떤 '영재'인가는 본서를 읽으면 알 수 있겠지만, 이 책의 감수자로서 무엇보다도 깊은 인상을 받은 것은, 저자가 '일찍부터 좋은 환경을 제공해 주면 아이의 지적발달은 촉진된다.'라는 신념으로 이 책의 주인공인 아이를 키워냈다는 점에 있다.

더욱이 아이의 성장만을 중시한 것이 아닌 '육아는 앞으로 가정을 짊어지고, 지역을 지탱하며, 나라를 이끌어가고, 더 나아가서는 세계에 공헌할 수 있는 인간을 키우는 것이며, 지구의 미래를 맡길 수 있는 인재로 키워내는, 한 인간으로 진지하게 임해야 할 중대사'로 인식하고 있다는 점이다. 단순히 성공한 육아기록에 머무르는 것이 아닌, 심도 있는 실천 육아론이라고 할 수 있다.

독자들은 책의 말미에 부모와 자녀가 하나가 된 육아실천기록을 꼼꼼히 살펴보기를 바란다. 그곳에는 영재이면서도 순수함을 잃지 않으면서, 밝고 명랑하고, 많은 친구들을 사귀고 듬직한 여자아이로 자란 둘째 딸(미짱)의 선명한 성장기록이 담겨져 있다. 평판을 들은 어머니들로부터 아이를 어떻게 키웠는지 구체적으로 알고 싶다는 질문과 상담이 저자에게 쇄도했다는 사연도 충분히 납득할 수 있었다. 그렇지만 누구나 모두 그렇게 간단히 영재로 키울 수 있다고 생각하는 것은 금물이다. 저자도 말한 바와 같이 바로 '노력하지 않는 천재는 없다.'는 말의 의미를 되새겨 보기를 바란다.

　본인은 본서를 또 다른 의미에서라도 추천하고 싶다. 아무쪼록 유전자나 두뇌에 흥미를 가지고 계신 분들도 탐독하시기를 바란다. 처음 원고를 접하고 우연히 이전에 읽은 마사타카 노부오 교토 대학 교수(비교행동학 전공, 최근 화제의 「핸드폰을 가진 원숭이」의 저자)의 저서 「0세 아이가 언어를 획득할 때」, 「아이는 말을 몸으로 기억한다」를 떠올렸기 때문이다.

　본서는 실로 다양한 각도에서 음미할 수 있는 내용을 지니고 있다. 많은 분들이 탐독하시기를 바라는 마음이다.

이학박사 마츠시마 다케오

♥ 어떻게 하면 미짱처럼 키울 수 있나요.

♥ 어떻게 키우면 그렇게 훌륭한 아이가 될 수 있나요.

♥ 대단하네요. 그럼에도 불구하고 무척 해맑고 정말로 순수하네요.

♥ 고등학생 수준의 학력이라고 해서 대체 어떤 아이일까 궁금했는데 놀랐습니다. 귀엽고 보통의 평범한 아이네요.

우리 집의 미짱이 태어난 지 1년 3개월 만에 세상에 데뷔한 후로 사람들과 만나면 항상 들었던 말들이다. 미짱은 현재 8세, 초등학교 2학년이지만 의젓하고 듬직하다. 밝고 활기차며 사랑스러울 뿐만 아니라 깊이 생각하고 행동한다. 친구들도 많다. 아이에서부터 어른들까지 친구 사귀기도 능숙하다. 집중력, 지속력은 어른들도 두 손을 들 정도로 뛰어나다. 해야 할 일은 다 끝내놓고 나서 논다. 많은 책을 읽어왔기 때문에 많은 것을 알고 있다. 요즘 열심히 읽고 있는 책은 전쟁과 마녀에 관한 책이다. 그리하여 미짱은 전쟁을 하지 않고, 전쟁을 일으키지 않는 어른이 되고 싶다고 진심으로 생각하고 있으며, 빗자루로 나는 연습을 열심히 하다 보면 13세에는 아름다운 마녀가 되어서 하늘을 날 수 있을지도 모른다고 생각하고 있다. 항상 목표를 가지고 진취적이고 적극적으로 생활하고 있다. 딸아이와 나와의 암호는 '노력하지 않는 천재는 없다.'이다. 매일 공부도 열심히 하며, 피아노와 노래, 수영, 모던댄스, 그리고 새벽에 조깅도 거르지 않는다.

우리 미짱은 사실 무엇이든 '제일'이라는 말을 듣는 걸 좋아한다. 제일 착하네, 제일 열심히 하네, 제일 멋지네, 하는 말들이다. '제일'을 좋아해서 어떤 일에도 진지하고 열심인 미짱은 몸집은 작지만 우리 집에서 가장 존경받는 훌륭한 인간이다.

하지만 비밀이 하나 있다. 그건 우리 미짱은 사실은 어리광쟁이라는 것이다. 그러나 언제나 착한아이여서 나는 가끔 '그 정도는 어때.' 하고 받아준다.

생기발랄하고 사랑스럽고 뛰어난 능력을 지닌 미짱을 만나 본 어머니들은 어떻게 키워왔는지 구체적으로 가르쳐달라고 수많은 질문과 상담을 해온다. 자세한 실천적 육아법을 얘기할 기회가 늘어남에 따라서 영재로 키우기 위해, 체계적인 육아법을 책으로 만들어 달라는 요청을 받게 된 것이 이 책을 쓰게 된 동기이다. 아이를 키우는 일(육아)보다 더 숭고하고 가치 있는 일은 없다. 가족 모두가 원대한 프로젝트를 세우고 인생의 최대 과제로 노력해야 하는 가치 있는 일이다.

육아는 앞으로 가정을 짊어지고, 지역을 떠받치며, 나라를 이끌어가고, 더 나아가서는 세계에 공헌할 수 있는 인간을 키우는 것이며, 지구의 미래를 맡길 수 있는 인재로 키워낸다는, 한 인간이 진지하게 임해야 하는 최우선 과제이다. 나는 첫째 딸을 키우고 나서 둘째 아이(남자)의 육아를 마치고 몇 년이 지난 후, 셋째 딸의 육아 경험과 실천까지, 그리고 영재로 키우기 위해 상황에 맞는 육아법과 노력들을 상세하게 설명해 놓았다. 지금 육아문제로 고민하고 노력하고 있는 부모들에게 참고가 될 만한 포괄적인 실천육아법이라고 생각한다.

이 책을 읽는 가정에서 많은 영재들이 자라나서 인생을 즐겁고 풍요롭게 살며 진취적으로 살아가는 사회인으로 성장하여 건강한 사회를 만들어가기를 진심으로 바라고 있다.

미짱의 지적성장기록(발췌)

생후 9개월 후반

- 걷기

1세 8개월

- 가나다라, 숫자를 읽음

2세

- 덧셈, 뺄셈 이해. 가나다라, 숫자, 알파벳 읽기 완성.
- 전통시조 120편, 100인의 와가(和歌, 일본 고유의 정형시) 모두 암기.
- 동요 100곡 암송.

3세

- 곱셈, 나눗셈 이해. 국어, 초등학교 4학년 수준 수료.
- 영어, 중학교 1학년 수준 수료.
- 구몬 2000년도 국어, 산수, 영어 3과목 전국 1위.

4세

- 컴퓨터 조작. 분수, 가감잉여계산, 사칙연산, 소수 이해.
- 국어, 산수 초등학교 과정 수료.
- 구몬 2001년도 국어, 산수, 영어 전국 1위.

5세

- 국어, 수학, 영어 중학교 과정 수료.
- 문부과학성(교육인적자원부) 인정 영어검정시험 4·5급 동시합격(5세 5
  개월), 영어검정시험 3급 합격(5세 8개월).
- 구몬 전국유아우수아 과정 인정 테스트 국어, 산수, 영어 3과목 합격.
- 구몬 2002년도 국어·영어 전국 1위, 수학 전국 2위.

6세

- 삼차방정식, 이차함수와 그래프, 인수분해, 무리수, 잉여정리, 인수정
  리, 순열, 이항정리 등 이해.
- 영어 고등학교 수준 어휘력 보유. 국어, 상용한자 학습, 장문독해, 국
  어·수학·영어 고등학교 과정 학습.

7세

- 구몬 전국 우수아 인정 중학교 과정 수료시험에서 구몬 45년 역사상
  최연소 전 교과목 합격.
- 구몬 초등학교 1학년부 국어·수학·영어 3과목 전국 1위.

8세

- 문부과학성 인정 한자검정시험 6급, 5급, 4급, 3급, 동시합격(한자검정).
- 문부과학성 인정 영어검정시험 준2급 합격(영어검정).
- 국어·수학·영어 3과목 대학수준 학습 중.

차례

1장
영재로 키우는 법

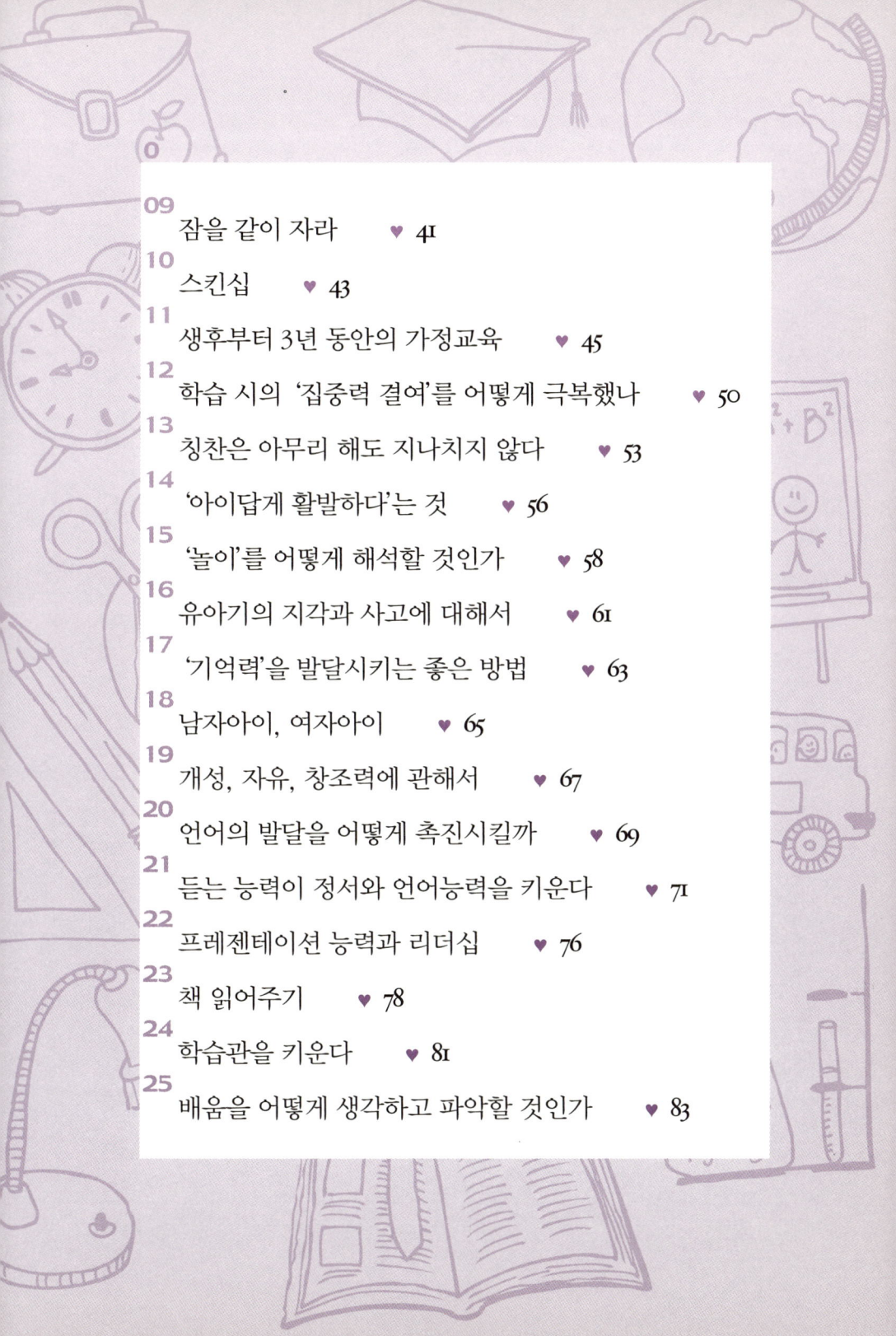

2장
초등학교 입학까지의 육아법

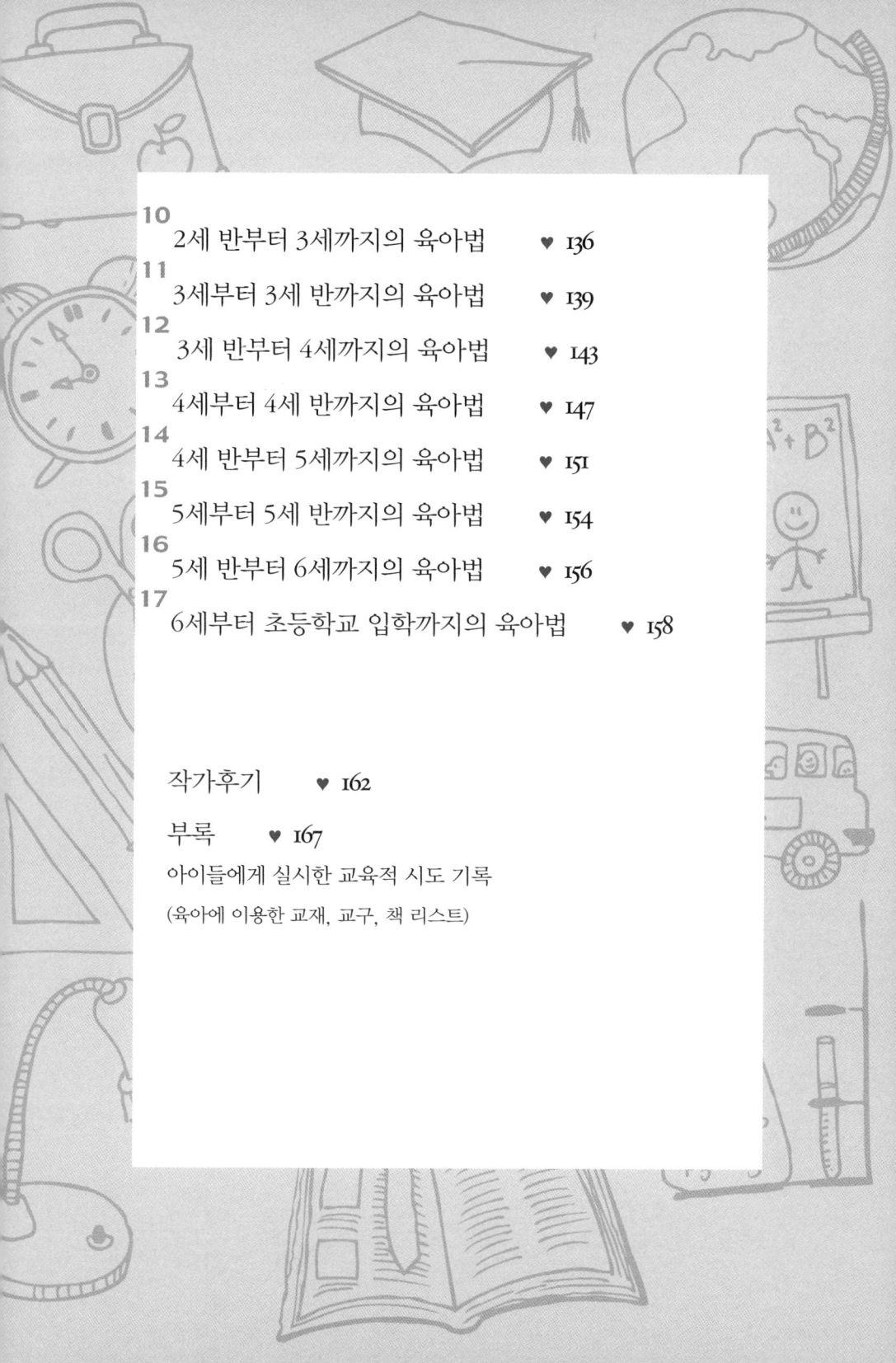

영재로
키우는 법

01 발상의 전환
꼭 영재로 키우고 싶다

'16년에서 20년 이상의 오랜 수학기간 중, 아이가 최상의 성적을 유지하고 평소에 주위로부터 능력을 인정받으며 밝고 씩씩하게 보낼 수 있도록 키우고 싶다. 부모나 아이게 이것은 행복한 일임에 틀림없다.'

'남들이나 부모보다 뛰어난 인간으로 키우고 싶다! 기왕에 똑같이 소중한 시간과 애정과 노력을 기울여 키울 바에는 사회성이 풍부하고, 지성이 넘치며 세상에서 인정받고, 경제적으로도 넉넉한 생활을 보낼 수 있는 성인으로 키워주고 싶다. 부모에게 효도하는 사람으로 키우고 싶다. 비행, 가정 내 폭력, 왕

따, 문제행동 등과는 무관하게 키우고 싶다. 현명하고 유능하게, 남들과 조화를 이루며 가슴이 따뜻한 인간으로 키우고 싶다. 가족 모두가 행복해질 수 있도록 효자로 키우고 싶다.'

'남들에게만 맡겨서 아이의 육아가 성공할 리가 없다! 교육의 기초야말로 부모가 확실히 만들어주어야 한다. 부모로서 모두 능력을 발휘해서 아이가 여유롭게 인생을 보낼 수 있도록 능력개발에 도전하는 것이 중요하다. 남들에게 전문가에게만 맡겨서는 진정한 육아라고 할 수 없다.'

이렇게 생각하고 3명의 아이를 키워왔다. 아이들은 정말 훌륭하게 성장했다. 첫째 아이는 현재 안과 의사, 둘째 아이는 법률관계 일에 종사하고 있다. 또 부모로서 아이들에게 많은 것을 배우고 충실하고 좋은 인생을 선물받았다.

그리하여 필자는 '진정한 영재로 키우는 육아란?'이라는 주제로 타인들에게 얘기해 주고 싶었다.

02 나의 확신(3명의 아이를 키우고 나서)
생후 3년 동안에 능력과 성격이 결정된다

영재

인내심

　4세가 되기 전이라면 아이를 영재로 키우는 것이 쉽다고 확신했다. '학습'은 탄생과 동시에 시작된다. 6~7세를 넘으면 영재로 키우는 것은 대단히 어렵다. 진정한 영재는 바르고, 친절하고, 능력 있는 사람이 아니면 안 된다. 진정한 영재는 유능하고, 진취적이고, 밝으며 세상에 도움이 되는 사람이 아니면 안 된다. 그런 사람이 진정한 국제인, 진정한 엘리트라고 생각하기 때문이다.

　뇌의 발달은 가속시킬 수가 있다는 것을 세 아이의 육아를 통해서 알게 됐다. 그를 위해서는 시각·청각·촉각의 자극을 빈도 · 강도 · 지속시간을 늘려가면서 지속해서 아이에게 전달하는 것만으로도 충분하다. 이것이 아이가 본래 지니고 있는 영재도를 결정하는 것임에 틀림없다.

지능에 큰 개인차가 생기는 것은 양육환경에 커다란 차이가 있기 때문이다. 지능의 높낮음은 양육환경의 산물이다. 인간의 지능은 개개인이 지닌 무한한 잠재능력이 어떤 양육환경에서 자라는가에 따라서 바뀐다는 것을, 실제로 3명의 아이를 키워보고 나서 실감했다. 지능을 만들어주는 것은 지성(知性)의 양육환경인 것이다.

부모가 인내심을 가지고 의식적, 적극적으로 아이에게 자극을 전함으로써 능력이 배양된다고 확신한다. 사회적 능력과 그 외의 모든 능력도 생후 직후부터 부모가 분명한 방침을 세우고 자극을 전달하는 것에 의해 발달한다고 실감했기 때문이다.

아이의 발육연대별로 획득성장목표를 정하고, 그 성취를 위해 인내심을 가지고 강하게 실행하는 것이 대단히 중요하다.

03 육아목표
아이는 다 키운 듯이 키워라

　육아는 특별히 어려운 것이 아니다. 어려운 것은 양육을 위한 노력을 '철저하게 지속하는 것'이다. 대부분의 어른들은, 아이는 노는 것이 즐거운 생명체라고 믿고 있지만, 이것은 아이의 극히 일부분에 지나지 않는다. 유아는 믿을 수 없는 속도로 '사실'을 배운다. 아이가 본래 지니고 있는 '학습의욕'과 '지식욕'을 가능한 한 어렸을 때부터 자극해서 키우는 것이 영재로 키우는 기초라고 생각해서, 이 습관을 초등학교 입학까지의 '육아 ·목표'로 정해서 실천했다.

　아이는 누구나 태어나면서부터 가르치면 무엇이든 할 수 있는 가능성을 지니고 있다. 실제로 아이를 키워보니 지능은 선천적인 것이 아니라는 사실을 알게 되었다. 아이가 자신의 최고의 지능에 도달할지 못할지는 6~7세까지 받는 '지적 자극', '지각적 자극'에 달려 있다는 확신을 가지게 된 것이다.

인생의 출발이라고 할 수 있는 소중한 시간을 어떻게 보내게 하는가는 부모의 책임이 막중하다. 부모로서 '육아'를 어떻게 생각하고, 어떻게 실행하는가를 테마로 먼저 '육아목표'를 정했다.

♥ 생애
♥ 결혼까지
♥ 성인이 되기까지
♥ 대학
♥ 중학교, 고등학교
♥ 초등학교
♥ 유치원
♥ 유치원 입학 전까지

이렇게 아이의 일생을 세분화해서 '부모로서의 희망'을 이미지했다. 다음으로 각각 연대별로 항목을 정해서 '획득목표'를 정했다. 연대별로 중·단기 획득목표와 최종목표를 정했다.

- ♥ 정신력
- ♥ 학력
- ♥ 경제력
- ♥ 포용력
- ♥ 인내력
- ♥ 사회성
- ♥ 사회적 지위
- ♥ 취업
- ♥ 가정생활
- ♥ 부모의 부양의무
- ♥ 정서 등

생각나는 대로 꼼꼼하게 '부모로서의 희망'을 설정했다.

목표설정이 됐으면 그 희망을 달성하기 위해서는 지금 어떻게 해야 할까는 저절로 결정된다. 아이는 다 키운 듯이 키워야 하기 때문이다.

04 학문을 통한 인간형성의 권장

인간의 기본 능력은 읽기, 쓰기, 계산이다!
1~2세는 읽기, 쓰기, 계산이 최우선

예전부터 인간의 기초능력을 가늠하는 첫 번째 기준은 '읽기, 쓰기, 계산'이라고 한다. 이 말은 육아를 상징하는 가장 정확한 말이라고 할 수 있다.

먼저 '가나다라(문자)'를 읽을 수 있게 됨으로써 아이의 세계가 몇십 배나 넓어진다. 책을 통해서 다양한 세계를 '체험'할 수 있고, 지식을 점차로 쌓아간다. '가나다라'를 쓸 수 있게 됨으로써 자신의 생각과 의사를 자유롭게 표현할 수 있게 된다. 아무리 어려도 마음을 문자로 표현해서 자신에 대한 남들의 평가를 체험할 수가 있게 되는 것이다. 그리고 자아가 싹트고, 정신적으로도 현저하게 발달하게 된다. 어려도 '숫자'를 이해하는 것으로 물건에는 '양(量)'이라는 실체가 있다는 것을 구체적으로 이해하게 된다. 정신도 물질도 '양'을 이해하는 것에 의해 세상에는 다양한 현상이 있다는 것을 아이 나름대로 실감하게 된다. 바로 '가치관'의 기초이다.

나는 첫째와 둘째 아이에게는 초등학교 입학을 앞두고 '읽기, 쓰기, 계산'을 4세부터 5세까지 조금씩 가르치기 시작했다. 그때까지는 '입학 전에 한 학년 정도 앞선 학습을 끝내 놓으면 되지 않을까.' 하고 생각했었다. 물론 그때까지는 책을 읽어주는 것에 신경을 많이 썼고, 동요, 클래식, 재즈, 라틴음악 등을 기회가 있을 때마다 들려주었고, 퍼즐, 블록, 나무 쌓기 등의 사고 교재를 통한 학습을 많이 시켰다. 흔히 교육열이 강한 보통의 부모 스타일이라고 할 수 있다. 두 아이는 대단히 훌륭하게 성장했다. 부모인 나도 아이들에게 많은 경험과 교훈(학습)을 얻을 수 있었다.

셋째 아이(차녀)는 위의 두 아이의 육아경험을 살려서 반성과 개선해야 할 점들을 생각하면서 셋째가 태어난 순간부터 고민과 연구를 거듭해서 '뇌세포를 발달시킨다.'를 테마로 육아를 시작했다.

위의 두 아이로부터의 조언과 제안도 받아들여서 1세 3개월부터는 '읽기, 쓰기, 계산, 외국어'학습을 시작했다.

'아이는 무엇이든 알고 싶어 한다. 기억하려고 한다.'는 것을 실감했다. 놀라움의 연속이었다. 아이가 흥미를 가지도록 고려해서 가르치면 스펀지에 잉크가 스며드는 것처럼 자신의 것으로 만들고 기억한다.

1세 8개월 정도에 숫자와 가나다라를 읽을 수 있게 되었다. 읽기가 가능해지자 부쩍 '지식욕'이 아이의 마음속에서 커져갔다. '알고 싶다, 기억하고 싶다.'라는 갓 태어난 유아의 욕구에 부응해서 다양한 장르의 책을 주었다. 매일 매일이 풍부한 감성이 살아 숨 쉬고 있다는 실감의 연속이었고 그것은 감동이었다.

아이는 스스로 읽을 수 있다는 사실을 알게 되자 그 기쁨으로 여러 책들을 자기 손으로 찾기 시작했다. 책에서 다양한 감정표현을 배운 아이가 처음 말하기 시작한 언어적 표현(말)은 두세 마디 정도의 회화였다. '읽기, 쓰기, 계산'을 하루라도 빨리, 가능한 한 빨리 가르칠 것을 권하는 이유가 여기에 있다.

'교육'이 있으면 인생에서 기회와 선택지가 풍부해진다. 아이가 '무엇을 하고 싶어 하는가, 어떻게 살기를 원하나.'를 스스로 결정할 수 있을 때까지 우리 아이가 '무엇을 하고 싶고, 무엇에 흥미가 있는지'를 부모가 잘 관찰하면서 아이가 받아들이기 쉽도록 궁리하여 다양한 교육을 실행하는 것이 중요하다. 좋아하는 것, 흥미가 있는 것에 집중하고 지속해서 끝내는 자세를 가르치는 것은 빠를수록 좋다고 실감했다.

05 배려심이 있는 착한 아이로 키우려면

정서를 키워주는 것이 과제

'아이를 어떤 사람으로 키우고 싶은가.'라는 질문에 대부분의 부모들은 다소 표현은 다르지만 "배려심 있고, 가슴이 따뜻하고, 자립할 수 있는 인간으로 키우고 싶다."고 말한다. 이런 생각은 현재의 사회상황에 불안을 느끼고 있기 때문에, 적어도 자신의 아이만은 가해자로 만들고 싶지 않다는, 누구에게나 사랑받는 인간으로 자라나기를 바라는 부모의 마음일 것이다.

이런 현재의 사회상황은 부모들이 아이들에게 '자유'를 지나치게 부여한 나머지 '부모는 자신과 동격'이라는 풍조에서 기인한다고 생각한다. 물론 아이의 '권리'는 존중되어야 하겠지만,

부모로서 책임감과 자립심을 길러주는 것을 망각한 지나친 '자유'를 부여함으로써 가정이 붕괴되고, 반사회적 행동을 발생시키는 원인이 된 것이다.

그럼 그렇게 되지 않기 위해서 아이를 어떻게 키워야만 좋을까.

나는 3명의 아이를 키운 경험에서 아이가 한 인간으로서, 우월감과 열등감을 초월하여 험난한 인생을 헤쳐 나갈 힘을 길러주기 위해서는 제일 기본으로 삼아야 하는 것이 '정서'를 키워주는 것이어야 한다고 생각한다.

06 정서를 키워주는 중요성에 관해서

감동표현의 방법

정서

타인의 불행을 슬퍼할 수 있는 정서나 감성 등을 키워주는 것은 민족 특유의 감수성을 키워주는 것이며, 국가에 대해 자부심을 가질 수 있는 유능한 국제인을 키워내는 일이다. 그래서 유아기의 놀이 중에 전통문학을 활용해서 민족 특유의 감성표현을 가르쳤다.

아무리 작은 일에도 감동할 수 있는 정서를 키워주는 것이 가족애나 애향심, 나아가서 애국심을 키워주는 것이다.

07 정서를 키워주기 위한 구체적 실천

독창성 발로에 정서는 불가결

아이에게 가능하면 어릴 때부터 시, 전통문학, 시조, 단가, 속담 등의 아름답고 격조 높은 전통문학을 교육의 일환으로 읽어주었다.

1. 반복해서, 알기 쉽게 풀어서 들려주었다.
2. 원문 그대로 읽어주고 아름다운 모국어의 억양과 음률의 전달을 위해 암송시켰다.

독창성 배양을 위해 '정서'가 필요하다고 생각해서 민족 특유의 뛰어난 정서를 익혀주기 위해 많은 노력을 했다.

이런 '가치관(부모의 생각)'을 순수하게 받아들일 수 있는 절호의 시기가 유아기(이유기)에서 취학(유치원 입학)까지의 3년 정도이다. 그래서 셋째 딸에게 1세 때부터 시조, 동요, 전래동화, 속담 등을 반복해서 들려주었고, 2세 때에는 모든 것을 외울 정도로 인내심을 가지고 가르쳤다.

그 결과 셋째 아이는 어휘력이 눈부시게 늘어났고 감수성도 풍부해졌다. 반복해서 배우는 사이에 '인내심'도 배우게 되었다. 알고 싶다, 뭐든지 할 수 있고, 남들에게 인정받고 싶다는 '야심'을 가지게 되면서 노력이라는 것을 알게 되었다.

노력하면 뭐든지 가능하다는 것과 성취감의 기쁨을 어려서 알게 된 것이다. 그 결과 낙천적이고 진취적으로 밝게 생활하게 되었다. 인내력과 지속력, 집중력도 놀랄 정도로 늘어났다.

너무 많은 것을 건너뛰는 조기교육은 문제도 생기기 쉽다. 그러나

- ♥ 읽는 능력
- ♥ 쓰는 능력
- ♥ 계산 능력만은 가능하면 빨리 가르칠 것을 권한다. 가능하면 최대한 빨리 말이다.

또 하나 덧붙이자면 모든 것을 암기하는 식의 기억력 개발방법은 패턴화되고 반복을 좋아하는 1~2세 시기에는 효과적이지만, 3세부터는 그다지 의미가 없다. 오히려 잘 이해할 수 있는 순서를 세워서 암기시키는 방법이 창조력과 인지력 향상에 효과적이다.

08 '너무 이르다'는 생각은 버려라!

3~4 세까지 육아법 차이가 성장 후의 능력차

3명의 아이를 키우면서 뛰어난 능력, 너그럽고 밝은 인간성, 사회성이 넘치는 진취적인 생활 자세는 생후부터 유치원 입학까지의 3년 동안에 형성된다는 확신을 가지게 되었다.

생후부터 3년간을 어떻게 보내는가에 따라 영재나 평범한 아이, 또 열등생도 될 수 있다는 것이다.

'내 아이는 자신이 하고 싶은 대로 자유롭게 내버려 둔다.', '아이는 씩씩하고 활발하고 마음껏 놀게 하는 것이 중요하다.', '아직 어린데 무리하게 공부를 강요하면 역효과가 난다.' 등등 조기교육이나 영재교육에 대해 부정적인 말들도 많다. 하지만 자유롭게 놀기만 한 아이가 초등학생이 되어서, 진득하게 책상에 앉아서 공부를 하는 것을 바라는 건 무리가 아닐까. 태어나서 바로 갖추어야 할 지식이나 사회성, 협력정신 등을 키워주는 가정교육을 체계적으로 배워 온 아이는 여러 가지 문제에 닥쳤을 때 원만히 해결해 나갈 수 있을 것이다.

우리 집 3명의 아이는 기본적으로 같은 환경에서 자라면서 부모의 신조, 정신발육, 경제상황, 사고의 변화 등의 차이와 학교환경, 친구들과의 교제환경 등에 따라 조금씩 다른 성장과정을 거쳤다. 하지만 갓 태어났을 때의 발달하지 않은 두뇌상태에서 유치원 입학까지의 3년간은 거의 같은 의욕을 가지고 육아에 임했기 때문에 '밝고 성실하며, 순수하고 무슨 일이건 적극적인, 심신이 건강한 지적능력을 갖춘 인간으로 키우고 싶다.'는 나의 육아목표는 성공했다고 생각한다.

어학이나 수학을 가르치거나, 피아노나 발레를 배우게 하는 '강압식·주입식 교육'에 대해 비난하는 풍조도 있는 듯하지만, 생후부터 육아교육에서 갖는 보조적 역할은 무시하기 어렵다. 아이가 본래 가지고 있는 무한의 가능성을 이끌어내는 수단으로 적극적으로 활용할 것을 추천한다.

생후부터 3년간 사회에 순응하는 능력과 정서를 키우고, 아이가 가진 능력을 최대한 이끌어낼 수 있는 토대를 얼마나 튼튼하게 다지는가에 따라 아이의 인생은 달라진다. 인간으로 살아가기 위한 능력과 예의범절을 심어주는 것이야말로 육아이자 유아교육인 것이다. 이것이 잘되어 있으면 반사회적 행동이나 사회부적응 등은 일어날 리가 없다.

따라서 조기교육은 필요불가결하며 육아에서 '너무 이르다'는 생각은 버리길 바란다. 이른 시기에 교육시키면 별다른 고생 없이 '읽기, 쓰기, 계산, 외국어' 등의 인간의 기초능력을 익힐 수 있다. '아직 너무 이르다'라는 생각은 이젠 버려야 한다.

생후 조금 지난 적절한 시기에 인간으로 살아가기 위한 기본 능력의 하나로 가르쳐 놓으면 아이도 아무런 고생 없이 손쉽게 익힐 수 있는 것들을 어른들의 잘못된 관념으로 아직 이르다고 단정하는 것만큼 바보 같은 생각은 없다.

3명의 아이를 키우고 나서 인간에게 선천적인 능력차는 거의 없으며 3~4세까지의 육아방식의 차이야말로 성장한 후의 능력차라는 것을 실감하고 있기 때문이다.

09 잠을 같이 자라!
안정된 신뢰관계와 건전한 정신을 위하여

　3명의 아이를 키우면서 '잠을 같이 자는 것은 독립심이나 자율성을 저해하기 때문에 안 된다.'는 일반적인 생각에는 동감하기 어려웠다. '직장일과 가사와 육아를 겸하는 바쁜 생활 중에서 아이와 여유롭게 스킨십을 나눌 수 있는 최적의 장소.'라고 생각해서 가능한 한 자주 아이와 같이 잤다.

　잠을 같이 자면 많은 이점이 있다. 먼저 '잘 자거라.'가 아니라 '그만 잘까.'라는 행동을 같이 함으로써 부모와 자식 간에 일체감이 생긴다. 또 잠이 들기까지 즐거운 시간을 공유할 수 있다. 노래를 부르거나, 책을 읽어주거나, 옛날이야기를 들려주거나, 하루의 생활을 되돌아보면서 좋았던 일이나 싫었던 일들을 서로 얘기하고, 내일은 어떤 일이 있을까 등의 커뮤니케이션을 나눌 수 있는 절호의 시간이었다.

우리 집에서는 아이의 신체발달이나 정신발육의 상태에 따라 아이가 요구할 때까지 비교적 오랫동안 잠을 같이 잤다. 아이가 독립된 침실에서 잠을 자게 된 것은 모두 초등학교 저학년일 때였다. 부모와 자식 간의 안정된 신뢰관계와 건전한 정신을 배양시키기 위해 잠을 같이 자는 것은 대단히 좋은 효과가 있다는 것을 직접 확인했다.

¹⁰ 스킨십
안정된 정신형성에 스킨십은 불가결

　아이의 안정된 정신형성을 위해 스킨십을 중요시하면서 키웠다. 아기였을 때에는 아이가 뭔가를 요구했을 때, 시간이 허용하는 한 품에 안고서 말을 건네는 노력을 했다. 조금 더 컸을 때는 아침에 일어났을 때 맨 먼저 하는 일이 품에 꼭 안고서 어제는 얼마나 착한 아이였는지, 또는 그것이 얼마나 기쁜 일이었는지, 물론 반성할 점도 포함해서 얘기를 나누었다. 그리고 얼마나 자기(아이)를 사랑하는지, 쑥쑥 성장하는 것이 얼마나 자랑스러운지 등 그날 하루의 기대감을 전하면서 말을 건넸다. 불과 3~5분 정도의 스킨십이지만 매일 아침 거르지 않고 계속했다.

　아이가 성장하고 이젠 필요 없다고 느껴질 때까지 계속했다.

이것이 따뜻한 가족애와 풍부한 정서를 길러주는 결과를 가져
왔다.

¹¹ 생후부터 3년 동안의 가정교육
사회 규율과 기본매너와 양심을 가르친다

아이가 태어나서 3년 동안의 자아확립과 자의식 형성의 중요성은 말할 필요도 없다. 하지만 아이가 원하는 대로 자유분방하게 놀게 하는 것이 마치 이 시기의 아이에게 당연하고 중요한 것처럼 생각하는 것은 절대로 옳지 않다. 아무것도 모르는 백지 상태에서의 양육이기 때문에 사회성과 지성이 넘치고 풍요로운 인생을 보낼 수 있는 성인으로 키우기 위한 기초 다지기의 시기라고 생각하고 예의범절, 매너, 지식의 기초훈련을 끝냈다.

태어나고 3년 동안에, 모든 아이들에게는 일생에 두 번 다시 생기지 않는 '지적취득능력'의 발로가 있다. 바로 모든 인간이 지닌 놀라운 인생 최초의 학습능력이다. 이 가장 중요한 시기를 어떤 식으로 보내게 하는지에 따라 아이의 미래가 크게 좌우되는 것이다.

아이는 본래 자유롭지 않으면 행동하지 않는 존재이다. 인간으로서의 가정교육, 훈련, 교육을 싫어하는 것을 능숙하게 시키는 것에서부터 시작했다. 특히 '학습'은 칭찬과 격려하면서 무리하게 강요하지 말고(때에 따라서는 어쩔 수 없이 강요도 필요하지만) 조금씩 학습시간을 늘려서 자신의 능력에 자신감을 가질 수 있도록 다양한 지식을 가르치고, 확실히 능력이 향상되도록 아이의 상태를 잘 관찰하면서 개발하는 것이 중요하다.

어떤 일이건 '인풋(input) 없이는 아웃풋(output)도 없는 것'이다.

어머니로서 사회 규율을 가르치고 인간에게 필요한 매너나 양심을 가르치는 것이 '가정교육'이다.

'자아' 의식도 없었던 아기가 성장함에 따라 자신과 타인과의 구별을 알게 되고, 자아 확인과 자신을 둘러싸고 있는 사회에 순응한다는 상반되는 일에 처음으로 직면하는, 대단히 중요한 이 시기에 반드시 가르쳐야 할 것은 다음과 같다.

1. 사회(이 시기의 아이에게는 부모, 가족, 학원 등이 사회)가 자신에

게 기대하는 내용에 따르는 것, 어디까지나 부모가 자신보다 위라는 것, 부모가 정한 제한은 절대라는 것을 가르친다. '싫어'가 아니라 '예'를 배우게 하는 비결은, 직립보행을 시작한 시기에 부모가 '안 돼!'라는 말을 쓰지 않고 키우는 것이다. '금지'를 지시할 때에는 반드시 이유를 설명해 줘야 한다. 아기라고 해서 일방적으로 안 된다고 꾸중하지 말고, 왜 안 되는지 자세히 설명해 줌으로써 부모도 냉정함을 잃지 않으며, 아이도 자신의 잘못된 점은 수정해야 한다는 것을 배우게 된다. 금지나 거부의 말인 '안 돼', '아니', '싫어' 등의 짧고 발음하기 쉬운 말만을 부모가 되풀이하면 말을 배우기 시작한 아기도 금방 본을 받고, 사회성이나 수정하는 능력이 몸에 배지 않는다.

'엄마' 다음에 배운 말이 '싫어', '안 돼'였다는 웃지 못할 얘기를 자주 듣는다. 거부의 의사표현도 부모에게서 배운다는 것을 잊지 말기를 바란다.

처음으로 '싫어'라고 거부 의사를 표현했을 때, '짜증'을 냈을 때가 수정(가정교육)해 주어야 할 중요한 때이다. 특히 '짜증'은 절대로 허용되지 않는다는 것을 철저히 가르쳐야 한다. 사람들 앞에서 짜증을 부리면 바로 사람이 없는 곳으로 데리고 가서 절대로 용서하지 못한다는 것을 가르치고, 왜 그러면 안 되는지를 사리에 맞게, 이해할 수 있도록 얘기해 준 후, 진정될 때까지 끈기 있게 기다린다.

진정된 후에는 분명하게 왜 용서되지 못하는지를 다시 한 번 설명하고, 반성하게 만들고 두 번 다시 그러지 않을 것을 약속하도록 한다.

2. 자신이라는 존재를 인식시키고 정신적으로 건강한 인간으로 키우기 위해 '감정표현'을 확실히 가르친다. '감정'은 제한하지 않는다.

이 시기에는 내면적 정서(화, 무서움, 애정, 부끄러움, 미움)인 '감정'을 컨트롤하는 능력이 없다. 따라서 자유롭게 감정표현을 시키는 것은 미래에 정신적으로 건강한 인격을 형성시키기 위해 대단히 중요하다.

부정적 감정도, 긍정적 감정도 모든 감정을 자유롭게 표현할 수 있도록 받아주거나, 바른 감정의 표현방법을 가르쳤다. 아이의 감정을 그대로 능숙하게 부모의 말로 바꾸어서, 그대로 아이에게 되돌려 줌으로써 아이를 마음에서부터 이해하고 있다는 것을 알림과 동시에 바른 감정의 표현을 가르치는 것이다. 이것은 아이의 감정을 그대로 받아들여서 아이의 마음에 돌려주는 이러한 행위가, 아이에게 부모가 자신을 공정하게 대해 주고 인정해 주고 있다고 느끼게 해서 안정된 감성을 자라게 하는 것이다.

3. 부모의 판단으로 최소한의 필요한 '금지행동' 사항을 정해서, 그것을 반드시 지키지 않으면 안 된다는 것을 가르친다. 절대금지사항 등은 그다지 많지 않을 것이다. '이치'에 맞는 제한을 정해서 생활 속에서 '제한과 억제'를 실천하면서 배우게 하는 것이다.

인간으로서의 사회행동의 기본적 규약은 자아가 싹트는 3세까지이며, 이 시기에는 애정을 가지고 엄하게 단련시켜야 한다. 집단생활을 할 때 가장 중요한 능력인 사회성과 협력성은 갓 태어난 순응적인 시기에 자연스럽게 익혀주고, 자아가 싹트는 3세 이후부터는 아이의 의사를 존중하고 지도력이나 표현능력을 키우는 방향으로 바꾸어 나가는 것이 제일 좋은 방법이라고 확신한다.

사회행동으로써의 기본 규약은 유치원 입학 전까지 끝내두는 편이 영재로 키우기 위한 근간을 다지는 것이라고 말해도 무리가 아닐 것이다.

12 학습 시의 '집중력 결여'를 어떻게 극복했나

참고 노력할 때 칭찬하면 성취감은 배가 된다

3세 정도까지 유아는 아무리 어려운 것이라도 정확히 인식하고 기억하는 뛰어난 능력을 지니고 있다. 우리 집에서도 2세도 되지 않은 아이가 자동차 번호판을 외운다든지, 시조나 단가를 통째로 암송하는 등의 놀랄 만한 능력을 발휘했다. 3명의 육아를 통해서 인간의 능력개발은 생후부터 의식적, 체계적으로 실시해야 한다고 실감했다. 이 시기의 유아는 흥미를 잘 유발시켜 주면 무엇이든 할 수 있는 가능성을 지니고 있다. 이것이 기억력으로 아이의 능력과 연관된 것임은 말할 필요도 없다.

처음 지적학습을 시작한 때의 집중과 지속은 10분에서 20분 정도였지만, 흥미를 가지도록 잘 유발시키는 행위에 의해 그 시간은 조금씩 늘어났다. 아이는 자신의 능력과 수준에 맞으면 재미를 느끼고 적극적으로 참가하지만, 아이의 능력과 수준보다 난이도가 높은 학습내용일 때에는 집중력이 끊어지고 자세가 나빠졌다. 모르기 때문에 흥미를 느끼지 못하는 것이다. 이해하기 어렵기 때문에 재미없어지는 것이다. 재미없기 때문에 집중력이 떨어지는 것이다. 하지만 곤란을 극복하고 얻은 성취감을 어릴 적부터 체감시키는 것은 아이의 인생에 있어서 큰 의미를 지닌다. 자유롭게 방치하는 것은 아이의 입장에서 보면 간단하고 즐겁다. 하지만 인격성장을 촉진하는 성취감은 절대로 맛볼 수 없게 된다.

아이의 능력보다 조금 높은 난이도의 학습을 아이의 능력과 맞는 학습과 조절하면서 집중력을 높이고, 어떤 능력을 발달시킬 것인가가 중요한 과제라고 생각하고, 아이가 흥미를 가질 수 있도록 쉽게 설명해 주거나, 지금 무엇을 해야만 하는지를 인내심을 가지고 설명해 주었다. 학습도중에 집중력이 떨어지고, 어리광을 부리며 제멋대로 행동을 하기 시작하거나, 사회적 행동이 불가능하게 되었을 때에는 '예의가 없는 아이는 제일 싫다.'라고 엄한 태도를 보이거나, '여기까지 끝내지 않으면 안 된다.'는 식으로 말해 주었다.

아이가 인내하며 끝까지 해냈을 때에는 안아주면서 끝까지 노력한 행동을 칭찬해 주었다. 인내하면서 노력한 것이 얼마나 훌륭한 일인지, 부모에게 얼마나 기쁜 일인지, 아이에게 확실히 말해 주면서 칭찬해 주는 행위는 아이가 맛볼 수 있는 성취감의 버팀목이 된다는 것을 실감했다.

부모에게 진심으로 칭찬을 받고 인정받은 기쁨을 맛보게 됨으로써 조금씩 집중하는 시간이 늘어났다. 이에 따라 집중력이 저하되는 빈도도 서서히 감소되어 갔다.

¹³ 칭찬은 아무리 해도 지나치지 않다

칭찬받는 기쁨은 성취감과 자기긍정을 깨워준다.

부추김과 칭찬은 다르다

　3명의 아이를 키우는 데 있어서 '꾸중'과 '칭찬'의 비율은 1 대 9라고 미리 정했다. 그래서 혼을 내야 할 때라고 느꼈을 때에 는 아이가 무서움에 떨 정도로 엄하게 혼을 내야 한다고 결심했 다. 하지만 정말로 그 정도로 혼을 낼 만한 금지사항 등은 거의 없기 때문에, 사전에 혼을 내야 할 내용은 가족이 의논해서 정 해 두었다.

　부모의 가치관으로 해서는 안 될 일을 아이가 저질렀을 때에도 '그러면 안 돼.'라고 하거나, 문제를 삼기 전에 대안을 제시하려고 노력했다. 벽이나 그 밖의 장소에 낙서를 했을 때에는 안 되는 이유와 동시에 써도 좋은 장소나 물건을 제시했다. 아이가 받아들이면 규칙을 가르칠 좋은 기회라고 생각했다. 부모의 흉내를 내서 무엇이든 하고 싶어 할 때에도 일방적으로 금지하는 것은 피하고, 아이의 능력에 맞는 수준까지 허용했다. 우유를 잔에 따르고 싶어 할 때에도 무리라고 금지하지 않고, 큰 그릇을 꺼내주거나, 조금 흘려도 노력해서 하려고 한 자세에 대해 진심으로 칭찬해 주었다.

아이의 행동을 한 걸음 물러서서 지켜보는 부모로서의 인내는 하루아침에 몸에 익힐 수 없는 것이지만, 꾸중을 하기 전에 대안을 생각하고 설교하는 내용을 머릿속에서 정리하는 것만으로도 냉정함을 유지할 수 있으며, 전면적으로 부정하지 않는 것에 의해서 아이가 부모에 대한 신뢰도 생긴다고 생각한다.

아이의 어떤 행동에 대해서도 '칭찬할 것'을 찾으려고 노력해야 한다. '대단하구나.', '멋진데.', '정말 잘했구나.', '잘 참아냈구나.', '너무 기쁘구나.' 등등 아무리 작고 사소한 노력과 성과도 놓치지 말고, 어색해하지 않고 반복해서 칭찬하면서 키웠다. 진심으로 칭찬받는 것으로 아이의 마음속에는 옳은 일에 대한 확실한 가치관이 뿌리 내리게 된다. 칭찬받는 기쁨을 알게 됨으로써 달성감과 자기긍정의 감각이 자라났다. 칭찬을 받음으로써 노력의 의의를 배웠다. 칭찬받는 것으로 사물에 대한 흥미도 지속적으로 유지될 수 있으며, 능력개발로 이어졌다. 그러나 '칭찬과 부추김, 치켜세우는 것'과는 전혀 다르다. 노력한 일에는 무조건 칭찬을 하고, 부추기는 행동은 가능하면 피하고 최소한으로 했다.

아이는 꾸중을 들으면 불쾌감을 느끼고, 나쁜 일이라고 판단한다. 칭찬을 받으면 유쾌함을 느끼고 옳은 일이라고 판단한다. 꾸중은 가족이 정해 놓은 절대금지사항을 어겼을 때에만 하고, 아무리 사소한 일이라도 칭찬을 아끼지 않고서 키웠다. 어떤 일에도 낙관적이고 진취적으로 즐기면서 살아가는 성격을 가진 아이로 키웠다.

14 '아이답게 활발하다'는 것

산만하고 충동적인 아이가 활발하고
씩씩하다는 착각은 금물

우리 아이들은 나만의 방식에 따라 어릴 때부터 뛰어난 집중력과 지속력을 익혀왔다.

셋째 아이의 경우는 1세 3개월 만에 식사나 카드학습과 유아교실에서 1시간 정도 집중할 수 있는 능력을 갖추었다. 하지만 이건 엄한 훈련으로 익힌 것이 아니며, 나이에 어울리지 않는 어른스러움도 아니었다. 오히려 활발하고 해맑고 아이다운 아이였다. 집중력을 지님으로써 다양한 능력을 갖게 된 것은 나에게 놀라움이었다.

매너가 좋으면 무언가 특별한 교육을 하고 있는 듯이 생각되기도 하고, 침착하면서도 어른들의 지시에 잘 따르고 행동하면 마치 '마마보이' 같은 아이처럼 여겨지기도 하지만, 전혀 그렇지 않다. 오히려 산만하고 충동적인 아이를 활발하고 씩씩하고 착한 아이라고 잘못 판단하는 부모의 잘못된 생각이 위험하다.

산만하다는 것은 한 가지 일에 집중할 수 없다는 것으로, 다양한 능력개발을 위한 토대를 만들어주는 학습을 할 수 없기 때문이다.

아이답게 활발하고 해맑고 친절한 아이로 키우기 위해서는 될 수 있으면 어릴 때부터 집중력을 키워주는 육아법을 시행할 필요가 있다.

15 '놀이'를 어떻게 해석할 것인가

체계적인 '놀이 환경'이 좋은 인격형성에 도움이 된다

아이는 놀이를 통해서 자신을 둘러싼 세계를 배운다. 놀이는 아이의 성장에 대단히 중요한 의미를 지닌다. 놀이의 중요성을 고려한 '놀이 환경'을 만들어주는 것이 좋은 인격형성에 큰 도움이 된다.

먼저 '놀이'를 목적별로 구분한다.

♥ 신체적 발육을 촉진시키는 놀이
♥ 자연과학적인 것에 흥미를 유발시키는 놀이

♥ 독립심 배양을 위한 놀이

♥ 인간적 애정을 키우기 위한 놀이

♥ 사회성을 길러주기 위한 놀이 등

놀이는 능력성장을 위한 중요한 요소이다. 부모로서 어떻게 보조하는 것이 좋을까? 이 놀이는 장래에 어떤 능력에 도움이 될까? 어떻게 잠재능력을 자극할까? 등등의 사려 깊게 '자기점검'을 하면서 놀이 환경을 제공해 주어야 한다.

❖ 부모의 '놀이 환경' 점검 리스트

· 달리고, 뛰어오르는 등의 운동능력을 길러주기 위한 놀이 환경을 제공하고 있는가.

· 민첩성과 근육발달에 도움이 되는 장난감은 있는가.

· 벽돌과 나무 쌓기 등 궁리해서 조립하거나, 퍼즐을 완성 시키는 능력은 갖추고 있는가.

· 말로 표현하지 못하는 감정을 표현할 수 있는 정서를 풍부하게 하고, 사고력 · 창조력에 도움이 되는 장난감은 있는가.

· 물, 모래, 진흙을 가지고 노는 능력은 있는가.

· 지적능력의 발달을 위한 장난감이나 도구를 평소에 제공하고 있는가.

· 차나 트럭, 공 등 움직이는 장난감을 가지고 노는 능력은 있는가.

· 인형 등으로 할 수 있는 유사체험놀이의 능력은 가지고 있는가.

· 언어(대화)를 즐기면서 사용하는 능력은 있는가.

· 가족과 노는 능력은 있는가.

· 놀이 중에 숫자를 인용한 놀이는 포함되어 있는가.

인간성, 사회성의 성장발달에 도움과 자극을 주는 수단으로써 놀이를 파악하고 부모가 고안한 놀이 환경을 제공함으로써 아이의 좋은 성장을 기대할 수 있다.

16 유아기의 지각과 사고에 대해서

유아는 대상을 직접적, 정서적, 기분적으로 파악한다

유아기 '사고'의 특색은 대단히 '직접적'이다. 이 시기의 아이는 지나치게 자기중심적이기 때문에 사물을 객관적으로 볼 수 없으며, 현상에 대한 '사실'을 간단명료하게 파악할 수 없다. 대상물을 직접적, 정서적, 기분적으로 파악하는 것이다.

예를 들어 비스킷이 부서지면 아프거나 불쌍하다는 기분이 들거나, 벽지에 얼룩이나 더러워지면 귀신이 있다고 생각하는 애니미즘적인 사고를 한다. 자연도 사물도 자신과 똑같은 감정을 지니고 있다고 인식하기 때문이다.

인간으로서의 기본적인 정서가 확립되는 5세부터 6세까지의 이런 정신발달의 특징을 정확히 파악하고, 받아주면서 사실과 개념을 바르게 교육시키는 것이 대단히 중요하다. 아이가 자신의 눈으로 확인하게 하고, 실제로 체험시켜 주면서 정확히 설명하고 가르쳐주는 것이 아이의 성장에 중요하기 때문이다.

'위치관계의 지각'도 상하·좌우·전후를 가능하면 어릴 때에 일상생활 속에서 의식적으로 가르쳤다.

'시간적 지각'은 시간의 개념을 확실히 인지시킴으로써 발달했다. 생활 속에서 의식적으로 시계를 보여주거나, 시간을 확인시켜 주는 행위가 그것이다.

주관과 객관을 구분하지 못하는 유아기에는 아이다움을 해치지 않으면서 어떻게 정서를 키워줄까. '이 중요한 시기에 아이를 어떻게 키우는가에 따라 아이의 인간성이 결정된다.'고 해도 과언이 아니다.

바쁜 일상 속에서 느긋하게 아이의 성장을 지켜보면서 아이를 키우는 것은 대단히 어렵다. 물론 부모의 고민은 아이의 성장에 따라서 바뀌지만, 생후부터 6~7년간 뇌세포의 비약적 발육을 목표로 궁리하고 노력하면서 아이를 키우면 '학교 입학 후의 많은 고민 중에 대부분이 해결된다.'고 자신 있게 말할 수 있다. 유아기의 육아의 정도에 따라 아이의 미래도 달라질 것이다.

17 '기억력'을 발달시키는 좋은 방법

3세까지는 반복을 좋아한다

'아이의 지적인 것에 대한 흥미는 무한하다.'고 해도 과언이 아니다. 어른이 '무리 같은데.'라고 생각한 길고 어려운 문장이라도 끈기 있게, 반복해서 즐겁게 가르치면, 이 시기의 아이는 기억한다. 이 노력을 중지하고 얼마 지나면 잊어버리지만, 뇌세포의 발달이나 자극에 대단히 좋기 때문에 단시, 속담, 관용구, 사자성어 등 시중에서 팔고 있는 유아대상의 학습카드를 사용해서 지속할 것을 권한다. 일단 잊어버리면 성장해서도 필요할 때에는 '세살 버릇 여든까지.'라는 말처럼 의외로 저항감 없이 손쉽게 기억해낸다.

이러한 교육적인 학습 작용에 의해 조금씩 집중력이 늘어나는 것을 체험을 통해 알게 되었다. 또한 기억력발달에는 놀랄 만한 효과도 있었다.

¹⁸ 남자아이, 여자아이
남녀 구분 없는 육아법이 좋다

두 여자아이와 남자아이 한 명을 키워보고 3~4세까지는 부모의 가치판단으로 여자아이다운 것, 남자아이다운 것을 결정하지 않는 것이 좋다는 것을 알았다.

아직 아무런 가치기준이 개입되지 않은 백지상태의 시기에 아이가 독창적으로 가지고 있는 무한한 가능성을 남녀로 구분해서 제한시킬 수 있기 때문이다.

색채감각이나 과학적 감성, 스포츠 재능도 남녀 구분 없이 키우는 것이 아이들의 장래에 좋은 토대를 만들 수 있다고 확신했다.

남자아이에게 의식적으로 예쁜 색의 복장을 입히거나, 인형놀이를 시켜보았는데, 색채감각이 뛰어나고, 복식문화에도 흥미를 가진 상냥하면서 남자답게 성장했다. 여자아이에게도 의식적으로 장난감 자동차나 과학적 실험도구 등을 주었더니, 냉정하고 자기 판단이 뛰어나면서도 여성 특유의 감성도 잃지 않고 성장했다.

¹⁹ 개성, 자유, 창조력에 관해서
개성은 일정한 지적능력을 갖춰야 한다

　지적능력을 높이고, 풍부한 정서를 키우고, 휴머니즘에 대해 가르치며, 사회적 태도(매너)를 몸에 익혀주기 위해 조기교육은 필요하다. 원래 아이의 내면에는 '기질'이나 '버릇', '경향'이 존재하는데, 이것이 '개성'은 아니다. '개성'이란 끝없는 연습과 부단한 노력을 통해서 갖추어지는 것이다.

　흔히 '아이를 개성적으로 자유롭게 키운다.'라는 말을 하지만 '개성'이라는 말의 본질을 잘못 해석하고 있는 것이다. 아이는 자기가 하고 싶은 대로 키우면 끈기도 없고 변변치 못한 인간이 될 수도 있다. 아이가 싫어하는 일이라도 성장발달을 위한 일은 빠짐없이 시켜야 한다.

인간이 사물을 자기가 의도하는 대로 다룰 수 있기까지는 많은 노력과 끈기가 필요하다. 아이가 생각하는 대로, 하고 싶은 대로 해주는 것이 '자유'는 아니다. 부모로서 '노력하는 것을 가르친다.'는 것을 포기해서는 안 된다. 배려심이 없고 제멋대로 행동하는 사람이 되어 버리기 때문이다. '자유'를 혼동하고 아이를 키우고 있지 않은지 부모의 책임은 막중하다.

유아기는 '개성'에 중점을 두기보다 인간으로서 필요한 공통의 학력과 지식, 풍부한 인간성을 몸에 익힐 수 있도록 교육하는 것이 중요하다. 일정한 지적능력을 몸에 익히고 나서야 '자신답고 개성적인 인생을 위해 이렇게 하자.'라는 의사가 표출되기 때문이다.

뇌의 무게는 800그램에서 1킬로그램 정도로, 급격히 성장하는 3~4세까지 의식적으로 숫자개념을 가르치거나, 바른 말을 가르치거나, 악기의 연주법을 가르치는 등의 다양한 '실질적 개념'을 가르치는 것은 대단히 의미 깊은 행위이다. 정확한 '개념'이 아이의 내면에 형성되고 나서야 '개성'이 나타난다. '개념'이 정확히 입력되어 있지 않고서는 '창조력'을 표출할 수 없다. '창조력'을 향상시키기 위해서는 될 수 있으면 정확한 지식과 학력을 몸에 익혀주지 않으면 안 된다.

20 언어의 발달을 어떻게 촉진시킬까
정확한 발음, 바른 언어표현의 방법

'언어'는 인간의 기본능력이다. 유아기에 어떻게 언어의 발달을 도와주고 성장시킬까 하는 것은 대단히 중요한 것이다.

생후 1년 6개월 정도가 되면 두세 마디의 언어를 사용하기 시작한다. 아이의 언어발달은 부모가 생후 얼마나 체계적이고 계통적으로 지적발달의 촉진을 도와주었나 하는가에 크게 좌우된다. 언어의 발달시기에 어떤 식으로 아이와 접촉하는지는 대단히 중요한 과제이다.

부모가 어떤 식으로 아이에게 작용(정확한 발음, 정확한 언어표현)했는가에 따라 아이의 언어발달 수준이 달라진다고 해도 과언이 아니다. 어디까지나 '정확한 발음, 바른 언어표현'으로 아이와 접촉하는 것이 중요하다.

　말하는 능력이 몸에 배면 아이의 정신적 생활은 현저하게 진보를 거듭한다. '이건 뭐야?', '어째서?' 등 눈에 띄는 모든 것을 물어보고 알고 싶어 하는 이 시기에 비약적인 지능의 발달을 이룩한다. 나는 최선을 다해서 모든 질문에 대답해 주었다. 아이는 의외의 질문도 많이 한다. 발달하고 있는 뇌세포의 요구라고 생각하고, 알고 있는 지식을 알기 쉽고 상세하게 상냥하게 대답하는 노력을 했다. 잘 모를 때에는 속이거나 무시하지 않고 교육적으로 키울 수 있는 절호의 찬스라고 생각하고 아이와 같이 도감이나 사전을 찾아보면서 설명하는 노력을 했다.

　아이는 부모가 자신보다 많은 것을 알고 있다는 것을 깨닫고, 자신을 공정하게 대해 주고 있다고 느끼면서 진심으로 부모를 존경하게 된다.

　육아는 일상의 작은 반복들이다. 조금 의식해서 아이와 접촉하는 것만으로 상당히 좋은 결과를 얻을 수 있었다.

　언어순화를 위해 시, 단가, 속담, 사자성어 등을 들려주며 기억하도록 보조해 주었다. 또 동요를 들려주고 같이 따라 부르는 것도 어휘력의 비약적인 발달로 이어지기 때문에 매일의 생활 속에서 인용할 것을 권한다.

21 듣는 능력이 정서와 언어능력을 키운다
청각은 완전히 발달된 상태로 태어난다!

'절대음감'은 3~4세까지의 훈련 외에는 익힐 수 없는 능력이라고 한다. 생후 곧바로 반복훈련을 통해서 '절대음감'을 체득시켜야 한다.

동물이 갓 태어난 새끼의 곁을 한시도 떠나지 않듯이, 인생을 살아가기 위해 필수적인 능력을 철저하게 교육시키는 것이 '교육'이다. 우리 인간은 걷지도 못하는 미숙한 형태로 태어나기 때문에 갓 태어난 아기의 '교육'에 대해서는 그다지 관심을 갖지 않는다.

하지만 나는 3명의 육아를 통해서 '듣기 연습이 안정된 정서와 높은 인지력과 언어능력을 키워준다.'고 확신하고 있다. 또한 반복을 통한 '듣기 연습'으로 뛰어난 기억력을 획득한다고 확신한다.

미성숙한 형태로 태어나는 아기도 '청각'만큼은 발달되어 있다. 걷지도 못하고, 시각도 불완전하고, 머리도 여물지 않은 상태로 태어난 아기라도 '청각'만은 거의 완전히 발달된 상태로 태어난다. 어머니의 태내에 있을 때부터 소리를 들을 수 있다는 사실은 우리가 태교를 중시하는 것으로 잘 알 수 있다. 바로 태어난 그 순간부터 귀는 주위의 소리를 들으며, 아이는 귀로부터 습득학습을 시작하고 있는 것이다. 귀로부터의 교육을 태어나자마자 시작할 필요성이 여기에 있는 것이다.

시력이 발달하지 않은 아기에게 문자를 가르치는 것은 불가능하지만, 부모가 반복해서 말을 가르침으로써 아이의 정신은 발달해간다.

언어는 그다지 노력해서 가르치지 않아도 자연스레 기억해가지만, 이것만으로는 영재로 키울 수 없다. 의식적으로 말을 부드러운 톤으로 반복해서 들려주는 행위로 인해 풍부한 언어감이 자라게 된다. 사물과 언어의 연관을 자연스러운 형태로 아이에게 체득시키기 위해서는 반복이 중요하다. 2세 정도까지는 현실적인 것을, 구체적으로 반복해서 말하면서 가르친다. '명사'를 많이 이용한다. 동물, 과일, 꽃, 벌레 등의 카드나 아름다운 그림책이 적합하다. 갓 태어난 백지상태의 아이이기 때문에 다양한 방법을 궁리해서 들려줄 것을 권한다.

2세가 지난 후부터는 구체적으로 보여주면서 가르칠 수 없는 추상적인 것을 표현하는 언어를 대화로써 가르치기 시작한다. 전제조건은 어디까지나 '아름다운 모국어'이어야 한다. 이 시기에는 명사에서 동사, 조사, 조동사, 동명사, 형용사, 부사를 바르게 사용한 언어능력 개발을 의식적으로 시작하는 것이 필요하다.

추상적인 것을 표현하는 말을 귀에 들려주는 것, 즉 옛날이야기나 동화를 들려주는 행위의 필요성이 중시하는 것도 바로 이런 이유 때문이다. 픽션이나 옛날이야기나 동화를 몇 번을 반복해서 들려주면 풍부한 상상력이 배양되기 때문이다.

추상적인 것을 표현하는 말을 이해할 수 없다면 국어뿐 아니라 사회, 산수(算數)도 이해할 수 없다. 초등학교 입학까지 추상적인 말을 거부감 없이 이해할 수 있는 감성훈련을 반복을 통해 하는 것이다.

자신이 경험하지 않은 것이 머릿속에 얼마나 들어 있는가가 '공부를 잘하는 아이'로 자랄지의 중요한 포인트다.

예를 들어 숫자는 추상적인 개념이기 때문에 '옆집 정원에 빨간 꽃이 다섯 송이 피었습니다. 노란색 꽃은 두 송이 피었습니다. 모두 몇 송이가 피었을까요.'라는 질문을 받아도 아이에게는 본(경험) 적이 없는 추상적인 것으로 구체적인 것이 아니다. 아이는 '옆집에 꽃이 피지 않았어요.', '빨간 꽃은 무슨 꽃일까.', '언제 피었을까.'라고 생각해 버린다. 하지만 옛날이야기나 동화를 반복해서 체험하고 들어온 아이는 '어디에 있는지는 모르지만 정원에 꽃이 피어 있구나.'라고 문제를 생각할 수 있으며, 산수의 문제의 문장을 잘 이해할 수 있게 되는 것이다.

'문자' 이전의 말을 자연스럽게 몸에 익히는 유아기에 귀로 듣는 교육은 대단히 중요한 의미를 가진다. 시력이 발달하고 다양한 능력을 빠르게 몸에 익히는 이 시기에 '문자 교육'에 편중되지 않고, 귀로 들려주는 교육을 반복해서 실행할 것을 권한다. 풍부한 언어 감각이 몸에 배인 아이는 반드시 표현력이 풍부한 영재로 자랄 것이다.

'태초에 말씀이 있었다.'라는 성경의 말처럼 유아기의 언어 교육은 많은 노력으로 행할 필요가 있다. 부모로서 아이가 평생 사용할 '언어의 개성(언어감성)'을 어떻게 몸에 익히게 할 것인가는 중요한 과제이다. 개개인의 언어의 개성은 자라난 환경에 의해 천차만별이다. 하지만 풍부한 언어의 개성이 자라지 않았다면 정신(마음)도 자라지 않는다. 정확하고 아름다운 모국어의 교육을 권장하는 이유가 여기에 있다.

텔레비전에 아이를 맡기는 바보 같은 짓은 그만두어야 한다. 아이는 현실적, 구체적인 상황 속에서 언어를 습득하고 기억한다. 정신을 키우고 언어라는 대단히 중요한 인간 고유의 능력을 실제 체험 없이 텔레비전 화면에 의해 기억시키는 행위는 대단히 비정상적인 일이다.

유아기에는 실생활 속에서 부모의 가치관 아래에 놀이나 실제 체험을 통해서 정신(마음)을 구축하는 언어를 가르쳐야 한다.

부모를 중심으로 한 일상 속에서 반복해서 언어를 학습시키고, 구체적인 언어를 가르쳐야 한다. 반복해서 듣고 있으면 생각하지 않아도, 가르치지 않아도, 아이의 내면에서 언어가 완성되고 능숙하게 사용할 수 있게 된다. 이것이 그 아이의 독자적인 언어의 개성이자 언어감성이다. 이 언어감성이 평생 '정신(마음)'으로 아이의 삶의 방식을 결정짓는다.

²² 프레젠테이션 능력과 리더십

집단생활에서 가장 요구되는 것은 리더십

일생 동안 중요한 기초능력인 프레젠테이션 능력을 몸에 익혀주기 위해 유치원 입학 전의 유아교실에서 배운 '자기소개'나 '발표'가 큰 효과를 보았다. 어리지만 '자신의 생각을 정리해서 두려움 없이 씩씩하게 자기표현을 하고, 다른 사람들에게 자신의 의사를 전달하는' 능력은 다양한 능력요소가 확립되어 있지 않으면 할 수 없는 것이다. 많은 사람들 앞에서 '자기소개'나 '발표'라는 사회적 행동에 대해서 아이 나름대로 자기표현의 수단으로써 인식할 수 있다면 적극성도 발달할 것이다. 또 이러한 '프레젠테이션 능력'을 지니고 있으면 집단 속에서의 리더십도 형성된다.

집단생활 속에서 가장 요구되는 리더십 형성을 위해서라도 그 기초가 되는 언어능력의 발달을 촉진시키는 교육은 중요하다. 언어를 표현하고 말하는 능력이 발달하면 할수록 아이의 정신적 성장은 현저하게 진보해 나가기 때문이다.

23 책 읽어주기
끈기 있는 지적자극의 노력이 아이의 능력을 키운다

말하는 능력이 발달할수록 아이의 정신적 생활은 현저하게 진보한다.

아이는 생후 6개월이 지나면 '모방'이라는 사회적 행동을 시작해서 무엇이든 부모의 흉내를 내려고 한다. 이러한 지적행동을 시작했을 때 책을 읽어주기 시작했다.

책을 읽어주거나, 내용을 알기 쉽고 자세하게 설명해 주거나, 끈기를 가지고 지적(知的)자극을 주는 노력이 아이의 능력을 키우는 기초가 된다고 생각했다.

독서와 책에 대한 관심과 지적수준을 발달시키는 첫 번째 단계로 인식하면서 색이나 표현 등에 주의해서 책을 골랐다.

그림책은 아이가 주위에서 흔히 볼 수 있는 것이 그려져 있는 것부터 전해 주었다. 이야기는 짧고, 아이가 이해할 수 있는 내용을 읽어주었다. 1세가 지나고 나서 '책 읽어주기'는 하루일과로 정했다. '책 읽어주기'를 균형 잡힌 인격형성을 위해 기초만들기 활동으로 생각하고, 장르를 나눠서 편중되지 않게 빠짐없이, 계속해서 읽어주는 노력을 지속했다.

현실사회와 동떨어진 만화 같은 내용이나 이와 유사한 책이 많이 출간되어 있지만 아이의 창조성, 상상력을 바르게 키워주기 위해서는 권하기가 어렵다.

❖ 장르

- 애정을 키워주는 책
- 과학적 사고 능력을 키워주는 책
- 사회상식을 키워주는 책
- 배려심을 키워주는 책
- 장래의 꿈을 키워주는 책 등

매일의 '책 읽어주기' 중에서 아이의 흥미대상이나 이해하는 능력의 수준을 부모가 섬세하게 파악하고, 조금씩 장르를 넓혀

갔다.

아이가 특정한 책이나 내용에 흥미를 보이거나, 반복해서 읽어주기를 바랄 때에는 귀찮아하지 말고 몇 번이라도 읽어주고, 책의 내용이나 그림에서 다음 단계를 생각해서 획득목표를 정해서 다음 책을 결정했다.

아이의 능력에 맞춰서 '수준에 맞는 책'과 '수준이 조금 높은 책'을 기준으로 세워 키울 것을 추천한다. 매일의 '책 읽어주기'는 놀랄 만한 지적발육을 촉진시켜 준다. 바로 '인풋 없이는 아웃풋도 없는 것.'이다.

안정된 정서와 부모와의 친밀한 애정관계를 길러주기 위해서라도 '책 읽어주기'는 더없이 좋은 '방법'인 것이다.

²⁴ 학습관을 키운다
학습과 사회와의 연관을 가르치자!

학습에 임하는 자세, 공부에 대한 생각인 '학습관'은 유아기부터의 습관이나 주위에 있는 사람의 생각과 의사에 큰 영향을 받는다.

유아기에 매일 규칙적으로 학습하는 시간을 만들고, 생활습관으로 가르치는 것이 아이에게 학습관 확립을 위한 첫발이라고 할 수 있다.

하지만 공부하는 행위의 의미를 알지 못하면 공부는 고통이 되고, 목적이나 재미를 찾지 못하면 공부에 싫증을 내게 된다.

이렇게 되지 않기 위해 가능하면 어릴 때부터 사회와 학습과의 연관성을 잘 설명하고, 왜 공부를 하지 않으면 안 되는지 부모의 생각과 가치관을 반복해서 들려줘야 한다.

자신은 장래에 무엇을 하고 싶은지, 자신의 미래를 어떻게 생각하고 있는지, 그를 위해 자신은 지금 어떻게 하면 좋은지를 생각하고 목표를 세우도록 해준다.

배우는 것을 지향하고, 모르는 것을 알게 된다는 것은 대단히 즐겁고 재미있는 것이라는 감성을 심어주면서 키워주는 것이 진취적인 학습관을 키워주는 일에 직결된다.

지금부터 5년 후, 성인이 되었을 때, 30대, 40대, 50대……. 아이가 어떤 인생을 살기를 원하고 있는지를, 서로 희망찬 미래를 그려보며 얘기를 하고, 아이가 스스로 '자기목표'를 향해 걷고 일어설 수 있도록 가르치는 것이 아이의 인생을 결정짓는 일이라는 것을 명심하기 바란다.

'학원에 보내고 있으니 괜찮을 거야.'라는 수동적인 학습관은 버려야 한다. 아이 자신이 '이건 내가 부족한 부분이니까 이런 식으로 공부를 해보자.'라는 식으로 자신의 학습수준을 객관적으로 파악하고 목표를 향해 임하는 '학습관'이야말로 학습효과를 최대한으로 올릴 수 있는 요인이 된다. 될 수 있으면 어릴 때에 '학습관'을 키워줄 것을 권한다.

²⁵ 배움을 어떻게 생각하고 파악할 것인가

목표를 향한 마음가짐이 열쇠

배움에는 많은 장점이 있는 반면, 부모에게는 시간적 제약, 경제적 부담, 막대한 에너지를 요구하는 중대한 과제이다. 배움을 시작함에 있어서 계속 시키고 목표를 향한 부모들의 마음의 준비와 각오가 얼마나 되어 있는지 반드시 자기점검을 해보기 바란다.

배움을 시작하기 전에 획득목표는 무엇인가(단기목표, 장기목표)를 분명하게 세워야 한다. 아이의 능력발달을 위해 필요한 것인지 깊이 고민해야 한다. 구체적으로 목표를 이미지하고, 목표달성을 위해 부모가 평소에 어떻게 연구하고, 어느 정도의 노력이 필요한지를 분명히 고민하고 나서 결정할 필요가 있다.

몇 세에 시작하든 당시의 아이의 능력을 깊이 고려하고, 시작해야 할 때인지 아닌지를 사려 깊게 판단해야 한다. 그 배움이 아이의 인생에 어떤 의미를 지니며, 장래에 어떤 영향을 끼칠 것인가를 숙려한 후에 시작할지 말지를 결정해야 한다.

아이의 능력이나 지식은 '인풋 없이는 아웃풋도 없다.'라는 말처럼 '가르치는 일'은 물론 중요하다. 단지 깊이 생각하지도 않고 어중간한 각오로 시작해서는 '싫어해서 그만둔다.', '아이와 맞지 않은 것 같아서 그만둔다.', '멀어서 그만둔다.', '선생님과 맞지 않아서 그만둔다.', '경제적 부담이 커져서 그만둔다.' 등등의 교육적 견지에서 보면 가장 어리석고 나쁜 결과를 초래해서 '목적달성도 없이 도중에 그만뒀다.'는 콤플렉스를 아이에게 심어주는 결과를 초래할 수 있다. 또한 어려움에 직면할 때마다 회피하거나 도망치는 구실을 부모가 아이에게 가르치는 것이 되어 버린다.

배움을 시작하기 전에 반드시 부모 스스로 꼼꼼히 조사해 볼 필요가 있다.

♥ 가르치는 쪽의 능력, 자질, 성격, 사회적 평가는 어떤가.
♥ 목표달성까지 인내심을 가지고 지속시킬 수 있는가.

기왕에 귀중한 시간과 돈을 투자해서 프로에게 맡기는 것이기 때문에 사회적으로 인정받고 일류로 인정받고 있는 선생님에게 배울 것을 권한다. 일류에는 일류로 불리는 이유가 있다. 세상에서 인정받는 선생님이기 때문에 시간과 돈과는 바꿀 수 없는 배움의 가치가 있다.

그리고 배움에 드는 비용은 선생님의 능력과 자질 등의 차이만큼 실제에서는 차이가 없기 때문에 좋은 선생님을 잘 찾아볼 것을 권한다.

가르치는 선생님과 사전에 충분히 교육목표 등을 상의하고, 납득한 다음에 시작했다고 하더라도 선생님의 지도방법 등에 납득하지 못하는 경우가 발생해서 개선이 불가능하다고 판단되는 경우는, 조속히 다른 선생님을 찾아보고, 아이에게 이유를 분명히 설명하고 납득시킨 후에 선생님을 바꿔야 한다. 배우고 있는 것을 그만두는 게 아니라 한 단계 상승이어야 한다.

안일한 마음이나 장기적인 계획도 없이 배움을 시작해서는 안 된다.

²⁶ 실천육아 체크리스트 (3세까지)

육아의 현재 상황을 체크한다

실천 육아
체크 리스트

단기, 중기, 장기간에 걸쳐서 아이를 어떻게 키우고 싶은가라는 육아목표를 이미지해서 아이가 갖춰야 할 능력과 정신력 등을 먼저 상세하게 정했다. 다음으로 육아목표 내용에서 역산해서 목표달성을 위해 지금 아이를 어떻게 키워야 하는지 매일 생각했다.

육아란 아이 한 명의 성장상황과 가정환경, 부모의 가치관 등 각각의 환경에 따라 똑같을 수는 없지만, 태어난 후부터 곧바로 부모의 의식적 노력과 행위 이외에 아이를 진정한 영재로 기를 수 있는 방법은 없다고 해도 무리가 아니다. 매일 곁에서 아이의 성장을 확인하면서 앞서가는 교육을 제공한다는 것은 많은 인내심과 노력이 필요한 일이다. 이 노력에 대한 결과가 매일 아이의 성장과정 속에서 발견하는 기쁨과 즐거움이 된다.

실천육아 체크리스트는 육아에 경계해야 할 것과 희망을 포함해서 현재 상황 체크를 위해 사용했다.

 실천육아 체크리스트

❖ **자유놀이**

• 자주성을 키워주는 놀이나 놀잇법을 시키고 있는가.

• 흥미나 관심을 발전시키는 도움을 주고 있는가.

• 어떤 일에 임하는 집중력과 지속력을 키우는 완구나 교구를 제공하고 있는가. 아이의 성장상황에 적합한가.

• 친구와 협력하거나 양보의식을 키우기 위한 부모의 도움이나 놀이 환경은 갖춰져 있는가.

❖ **독서, 읽어(들려)주기**

• 자연현상에 흥미를 느끼게 해주는 책은 있는가.

• 사회현상을 가르치는 내용의 책은 있는가.

• 정서를 키우고, 타인의 아픔을 이해할 수 있는 마음을 배

양하는 책은 있는가.

• 사람의 말을 끝까지 잘 듣는 태도를 키워주는 노력(작용)을
의식적으로 하고 있는가.

• 언어능력, 표현능력을 높여주는 노력을 하고 있는가.

• 책의 줄거리를 정리하거나, 책을 읽은 후의 감상과 생각
을 들어보고 있는가.

❖ **지능을 키워주는 훈련**

• 지적 행위에 전념할 수 있는 환경은 갖춰져 있는가. 아이
의 능력과 흥미에 적합한 것과 조금 수준이 높은 것이 잘 조합
되어 있는가.

• (아이의)원만한 사고력을 높이기 위한 활동은 하고 있는가.
한쪽으로 편중되어 있지 않은가.

• 생각하는 행위의 즐거움을 체득시키고 있는가. 성취감을
맛볼 수 있는 기회를 의식적으로 제공하고 있는가.

❖ **음악**

• 노래나 악기를 통한 표현(연주)의 기쁨을 느끼게 하고 있
는가.

• 리듬을 즐기고, 표현의 기쁨을 가르치는 시간은 있는가.

• 음악 감상에 흥미를 느끼도록 도와주고 있는가.

❖ 운동

• 신체운동을 즐기는 행위를 가르치고 있는가.

• 체력, 운동기술을 높이기 위한 실천을 의식적으로 시키고 있는가.

• 룰을 가르치는 노력을 하고 있는가.

• 집단행동에 적응할 수 있는 사전준비는 하고 있는가.

❖ 창작, 공예

• 다양한 소재의 감촉의 차이를 체감시키고 있는가.

• 창조표현을 통한 무언가를 만드는 즐거움을 가르치고 있는가.

• 자기표현의 수단으로써의 '아트'의 기회를 제공하고 있는가.

27 '지능인자'에 관해서

영재로 키우는 포인트는 '지능인자'

부모가 의식적, 적극적으로 아이에게 작용하는 행위에 의해 뇌의 성장발달을 가속시킬 수가 있다. 아이의 지능개발실천을 돕기 위해 구체적으로 지능을 구성하는 인자에 대해 얘기해 보겠다.

지능인자는 크게 '지적내용인자'와 '지적작용인자'로 구분할 수 있다.

「지적내용인자」는
- 도형인자 → 형태의 영역
- 기호인자 → 문자, 숫자, 음, 색 등의 영역

· 의미인자 → 언어의 의미 영역

이 3가지 영역으로 이루어져 있다.

이 3가지 인자를 균형 있고 활발하게 발달시키는 것이 아이를 영재로 키우는 발판이 된다. 그럼 이 인자들이 약하면 어떤 문제가 일어날까.

♥ 도형인자가 약하면 산수(算數), 수학의 도형문제나 공작 등을 능숙하게 하지 못한다. 응용문제 등에서도 내용이 높아질수록 도형적 발상이 약하면 풀 수가 없다.

♥ 암호인자가 약하면 산수, 수학, 음악에 약해진다. 기호로 처리하는 능력이 약하면 수학에서 방정식 수준이 되면 이해가 늦으며, 다양한 문제점이 나타난다.

♥ 의미인자는 모든 교과목과 연관이 있다. 이 인자가 약하면 공부를 잘하는 아이로 자라기 어렵다. 문장내용을 이해하지 못하거나, 특히 국어나 산수, 수학에서 문장을 읽고 푸는 데에 서툴게 된다. 이들 인자를 발달시키기 위해서는 어떻게 하면 좋은지를 생각했다.

♥ 도형인자를 발달시키기 위해 모래장난, 공작, 그림그리기, 벽돌·나무 쌓기 등을 놀이 속에 의식적으로 도입한다.

♥ 기호인자를 발달시키기 위해서는 가능하면 어릴 때부터 숫자 개념, 문자, 색의 개념을 가르칠 것을 권한다. 숫자나 문자, 색을 인지하는 능력이 기호인자이기 때문이다. 놀이 중에서도 카드, 오목, 장기, 주사위 놀이 등의 승리하는 기쁨을 적절히 가르치면서 도입했다. 기호인자의 발달에 도움이 되었다.

♥ 의미인자를 발달시키기 위해서는 '책 읽어주기'가 대단히 효과적이었다. 책을 읽어주면서 감상을 서로 얘기하거나, 다 읽고 난 뒤에 아이의 감상을 듣는 노력을 했다. 텔레비전을 볼 때에도 반드시 내용에 대해 설명하거나, 서로 얘기하는 기회를 갖는 노력을 했다. 의미인자는 가정 내의 대화에 비례해서 발달한다고 생각해서 부모의 애정이 담긴 대응을 하도록 주의했다.

「지적작용인자」는
• 기억인자 → 기억하는 능력, 기억한 것을 재생하는 능력
• 인지인자 → 아는 능력, 이해하는 능력, 의식하는 능력
• 평가인자 → 비교능력, 판단능력, 비판능력, 선별능력

• 집중사고인자 → 추리하고 생각해서 바른 결론을 이끌어내는 능력
• 확산사고인자 → 새로운 것을 생각해내는 능력, 자유로운 발상으로 활발하게 생각하는 능력

이 5가지 인자를 균형 있고 활발하게 발달시키는 것이 아이를 영재로 키우는 포인트라고 생각한다.

그럼 이 인자들이 약하면 어떤 문제가 일어날까.

♥ 기억인자가 약하면 모든 교과에 문제가 나타난다.

체계적이고 연관 지어서 기억하는 것이 불가능하기 때문에 학습내용이 복잡해지면 효과적으로 기억하지 못하고 성적이 오르지 않는다.

♥ 인지인자가 약하면 모든 교과에 영향을 끼친다.

질문을 읽고 지금 어떤 내용을 묻고 있는가, 어떻게 하면 좋은가를 판단하는 것이 불가능하다.

♥ 평가인자가 약하면 시험에서 부주의가 눈에 띄게 많아진다.

잘못 쓰거나, 계산을 실수하거나, 이름을 쓰는 것을 잊어버

리거나, 답은 나와 있는데 해답란에 잘못 옮겨 적거나 잊어버리거나 등의 간단한 실수를 반복한다.

♥ 집중사고인자가 약하면 이과과목에 취약하다.

산수영역에서 이 인자능력은 그다지 필요하지 않지만, 내용이 복잡해지면 수학영역에서는 성적이 나빠진다.

♥ 확산사고인자가 약하면 스스로 적극적으로 일을 추진해갈 수가 없다.

지시받은 일은 처리할 수 있지만 거기서 한 단계 발전시켜서 스스로 생각해서 행동하는 것이 어렵다. 그림을 독창적으로 그릴 수 없다. 산수, 수학의 응용문제에 고생하거나, 싫어하게 된다. 작문실력도 약해진다.

그러면 이들 인자를 보통사람 이상으로 발달시키기 위해서는 어떻게 해야만 할까.

♥ 기억인자를 발달시키기 위해서 대표적인 놀이로 '신경쇠약게임'을 들 수 있다. 시조, 속담, 사자성어, 반대말이나 문장 등의 유아를 대상으로 한 카드교재 종류의 활용이 기억력 향상

에 큰 효과를 거뒀다.

반복해서 들려주고 기억시키는 것에 의해 기억력이 향상되었다. 책 등을 읽어준 다음에 '어떤 이야기였을까?'라고 물어보고 줄거리를 정리하는 데 도움을 주는 습관도 부모가 반드시 익혀야 할 사항이다. 물어본 이야기를 떠올려 보고 아이가 나름대로 정리한 줄거리를 읽어준 사람에게 들려주는 작업은 기억인자발달에 대단히 효과가 있었다.

♥ 인지인자를 발달시키기 위해서 말하기 시작하는 시기(발어기)부터 시작되는 '이건 뭐야?', '어째서?' 등의 유아 특유의 질문공세에 귀찮아하지 말고 알기 쉽고 상세하며 친절하게 대답해 주는 노력이 대단히 중요하다.

성장에 따라서 도감이나 사전의 사용방법을 가르치고, 흥미나 의문을 아이 자신의 힘으로 해결하는 습관을 익혀줄 필요가 있다. 인지인자가 약한 이유는 과잉보호로 인한 욕구저하라고 생각한다.

♥ 평가인자가 발달하지 않으면 비교하거나, 판단하는 능력에 문제가 발생한다. 학교 등의 시험에서 실수를 부주의하다고 믿는 경우가 있지만 그렇지 않다. 평가인자가 약하기 때문이다.

이 인자를 발달시키기 위해서는 블록을 견본과 같은 형태로 조립하는 훈련, 견본과 같이 그림을 덧칠해서 완성시키는 훈련이 효과적이다. 비교하고 판단해서 같은 것을 실현시키는 작업은 어린아이에게는 어려워서 뇌세포를 자극한다.

♥ 집중사고인자를 발달시키기 위해서는 아이의 질문에 대해 '예, 아니요', '좋고, 나쁨' 등의 결론을 바로 내리는 행동은 피했다.

물건을 사줄 때에도 부모가 고른 것 중에서 아이에게 선택권을 주고 하나를 고르게 했다. '이걸 사면 어떨까.', '사보니 어땠어.' 하고 자기책임을 체험시켰다. 자신이 선택해서 산 결과가 인격형성에 큰 영향을 주고 판단력을 길러주었다.

아이 스스로 계획과 순서를 세우고 생각하는 기회를 의식적으로 제공하는 일은 대단히 중요하다. 결론을 내리는 데에 필요한 정보와 가치관은 적극적으로 제공했지만, 최종결론은 아이 스스로 내리는 훈련이 이 인자의 발달에 효과적이라고 깨닫게 되었다. '왜, 어째서?'라는 아이의 반론과 의문에는 서로 마주보고, 정확하고 진지하게 대답해 주어야 한다. 어려운 문제일수록 속이지 말고 '엄마도 잘 모르니까 같이 생각해 볼까.'라고 대응했다.

이 인자는 평가인자와 함께 사회에서 리더십을 발휘하고 주위로부터 신뢰를 얻기 위한 중요한 작용을 한다.

♥ 확산사고인자를 발달시키는 것은 '창조성'과 관련된다.

이 인자의 발달을 위해서는 아이가 놀고 있을 때에 간섭은 절대로 피할 것과 혼자서 자유롭게 노는 습관을 길러주는 것이 중요하다. 또 아이에게 금지사항이나 주의, 잔소리나 꾸지람을 많이 하면 '엄마가 또 잔소리 할 거니까 그만두자.', '꾸중을 들을 테니 그만두자.'라고 스스로의 행동에 제한을 해서 확산사고인자 발달도 제한된다. 너무 신경질적으로 사소한 일까지 아이를 간섭하는 것은 피했다. 무슨 일이라도 너그럽게 대해 주는 것이 중요하기 때문에 인내했다.

이상의 이들 지능인자를 얼마나 의식적으로 자극하는 작용을 계속할 수 있는지가 영재양육의 중요한 포인트가 된다고 생각한다.

2장

초등학교
입학까지의
육아법

01 태아교육, 유아교육 어떻게 했나

태아는 상상 이상으로 다양한 능력을 지니고 있다

아가야
사랑해

태아에 관한 과학적 연구가 진행되면서 태아는 많은 것을 느끼고, 알고 있으며, 그것에 대응하여 행동하고, 정신적으로도 발달되어 있다는 것이 판명되었다. 태아에게도 감각능력이 있으며, 기분 좋은 작용에 대해서 반응하는 동조능력과 태내에서의 기억도 소유하고 있기 때문에, 부모와 정신적 연대를 형성하는 대단히 중요한 시기로, 태아에게 다양한 장르의 음악을 들려주기 위해 생활 속에서 노력했다.

될 수 있으면 마음을 편하게 하려 노력하고 틈틈이 아이가 태어나는 것이 엄마에게 얼마나 기쁜 일인지 말해 주기도 하고,

부모의 인생관과 가치관을 들려주기도 했다.

태아는 상상 이상으로 다양한 능력을 지니고 태내에서 '학습'하고 있다는 것을 많은 점에서 실감했다. 태아는 단지 부모의 행동이나 감정에 반응하는 것만이 아니라, 그러한 반응을 부모에게 전달하고 어떤 아이인지를 가르쳐주려고 한다.

엄마와 아이는 10개월 동안 하나의 시스템으로 서로 동조하는 관계라는 것을 실감했기 때문에 어머니로서 '어떤 아이를 바라는가(이상형)'를 반복해서 들려주었다.

02 생후 1개월까지의 육아법
모든 아이는 다른 성장과정을 거친다

아이의 육아에 대해서 주위의 모든 사람이 당시의 상황에 따라 부드럽고 사랑스럽게 아이를 대하는 노력을 하고 육아방침에 대해서 많은 의논을 시작했다.

모든 가정의 아이들은 저마다 성장과정이 다르다. 인간에게는 숙명적 '탄생'과 생활 속에서의 '성장'이 있으며, 인생에는 명암과 위험, 실패도 있기 마련이어서, 생후 곧바로 '어떻게 키우고 싶은가, 어떻게 키워갈 것인가.'라는 의견을 가족이 서로 교환하고 의논해 두는 것이 중요하다.

❖ 육아법에 문제가 발생했을 때의 대처법

육아법에 관한 대립이 아이에게 어느 정도 큰 '차이'를 가져 올까를 생각하고, 그다지 차이가 없다면 양쪽이 타협하면 되지만, 차이가 크다면 서로 의논하고 토론해서 해결하려고 노력했다. 주위의 가족이 냉정한 판단을 내리지 못한다면, 아이가 풍부한 감성을 지닌 영재로 자라지 못할 것이 자명하기 때문이다.

❖ 아버지의 육아 참가의 중요성

아이는 성별에 구별 없이 키워야 하며, 그를 위해서는 아버지가 어머니와 대등하게 육아에 참가해야 한다. 남자와 여자는 같은 일을 해도 그 방법과 영향력도 다르다. 아이는 다른 두 개의 성(性)과 직접 접촉하면서 자라야 남자와 여자가 갖는 고유의 특성이 충만해진다고 확신했기 때문이다.

❖ 안기는 버릇에 대해서

정신적 성장을 위해 될 수 있으면 보듬어주고, 신뢰를 쌓기 위해서라도 안아주면 좋다. 단 도가 지나치지 않도록 주의해야 한다. 기억은 잠을 통해서 정착되기 때문에 안정된 수면을 취해주기 위해 많은 노력을 했다.

❖ 완구, 그 외에 대해서

아이를 안고서 딸랑이, 헝겊인형 등으로 어르거나, 노래를 불러주거나, 말을 걸 때의 보조도구로 사용했다. 이 시기는 시각을 자극해서 뇌의 발달을 촉진시키고, 소리(音)에 의한 자극이 중요하기 때문에, 아름다운 멜로디나 좋은 가사의 음악을 의식적으로 반복해서 들려주는 노력을 했다.

03 생후 1개월에서 3개월까지의 육아법

듣는 능력과 보는 능력이 연동하는 시기의 육아법

잠자리에 드는 시간대가 점차로 일정하게 밤으로 정착되는 시기로, 깨어 있을 때에는 움직임이 활발해지고, 주위의 사람이나 물건에 관심을 표시하게 되는 시기여서 다양한 자극을 전하는 노력(작용)을 본격적으로 시작했다.

'3개월 미소'라는 말처럼 2개월이 지나면 사람을 잘 따르게 되고, 사회성을 지니게 된다.

시력도 좋아지고, 사람의 움직임이나 모빌의 움직임에 흥미를 보이거나, 가만히 음악에 귀를 기울이거나, 소리가 나는 방향으로 얼굴을 향하는 행동을 보이기 시작했다.

'육아'를 어떤 마음가짐으로 실행해 갈 것인가, 아이의 능력 개발을 어떻게 해갈 것인가, 아웃라인(윤곽)을 정했다.

❖ 보는 능력과 듣는 능력의 연동기

말을 걸고 어르면 잘 웃거나, 소리가 나는 방향으로 얼굴을 돌리거나, 하는 이런 '보고', '듣는' 두 가지 능력이 연동하는 대단히 중요한 시기이기 때문에, 깨어 있을 때에는 적극적으로 상대가 되어서 자극을 전달하고, 전달한 자극이 아이의 기억으로 뇌에 정착할 수 있도록 충분한 수면환경을 제공하는 노력과 궁리를 했다. 매일 클래식 음악과 아름다운 가사와 아름다운 발음, 동요를 반복해서 들려주었다.

❖ 미각을 발달시키기

모유와 우유만을 먹으며 성장해 온 아기에게 '이상한 물건'이라고 할 수 있는 '과일주스'의 체험은 대단히 중요한 의미를 지닌다고 생각하고, 미각을 키워주는 첫 단계로 생각했다. 여러 종류의 과일주스를 줘서 다양한 맛이 있다는 것을 체험시켰다. '먹는다(음식)'는 행위를 통해서 뇌에 상당한 자극을 전달하는 기회로 생각했기 때문이다.

❖ 안아주는 버릇

세 명의 아이 중 한 명은 안아주지 않으면 큰 소리로 계속 우는, 심한 '안기는 버릇'이 있었다. '사람'을 요구하는 것은 지혜가 생겼다는 증거로 생각하고 안아줄 수 있을 때에는 원하는 만큼 안아주고, 바쁠 때에는 내버려둬도 인격형성에 문제는 없다고 생각하고 실행하니 3개월 만에 해결되었다.

❖ 능동적 행동의 첫발

보이는 것에 손을 뻗기 시작하고, 스스로 능동적으로 반응하려고 하기 시작해서 행동의 성장을 자극하는 환경을 만들어주었다. 예를 들어 색채가 풍부하고 밝은 천으로 작은 장갑을 만들어 장난감 대신 끼워주자, 이전까지는 장갑과 손이 자신의 것이라고 깨닫지 못했지만, 자신의 것이라고 깨닫게 되었고, 침대 옆에 거울을 세우고 기저귀를 교체할 때, 자신과 부모의 움직임에 대단히 흥미를 느끼는 반응을 보였다. 시각을 적극적으로 자극하는 것은 중요한 의미를 가진다고 생각하고, 시각 환경을 풍부하게 해주었다. 깨어 있을 때에는 조금 상반신을 옆으로 틀어서 재우는 것도 좋은 영향을 준다.

❖ 옹알이에의 대응

아이에게 대화의 첫 단계인 옹알이(말을 배우기 시작한 아기가 자신의 감정을 똑똑하지 않은 음성으로 나타내는 일)에 같은 소리로 대답해 주는 것이 아이에게 너무나 재미있는 듯이 보였다. 부모에게 응답을 받기 위해 더 소리를 내려고 하는 모습은 감동적이었다.

옹알이는 대화의 첫발이자 아이가 말을 건네는 즐거움과 노력을 알게 되고, 스스로 참가할 수 있는 사회 속에서 살아 있다는 것을 알게 되는 첫 단계로, 주고받음과 자신감, 적극성을 가르치기 위해 끈기 있게 말하는 상대가 되어주었다.

04 생후 3개월에서 6개월까지의 육아법

지적 자극, 감각적 자극이 지능을 발달시킨다

생후 3개월이 되면 아이는 물건에 손을 뻗어 자신을 둘러싼 주위의 환경에 대해 탐색을 시작한다. 3개월 정도까지는 수동적이고 자유롭지 못한 모체에서 외부로 갓 나온 몸을 환경에 적응시키는 행동을 눈, 귀, 입만으로 행했지만, 3개월이 되면서부터는 손을 사용해서 능동적으로 학습하려고 하며, 손으로 물건의 성질을 파악하려 한다. 또 무엇이든 입에 넣어서 물건의 성질을 파악하려는 이 시기를 놓치지 않고 지적 자극, 감각적 자극을 의식적으로 전달했다. 영재로 키우는 열쇠는 여기에 있다고 생각한다.

❖ 지능을 발달시킨다

지능은 선천적인 것이 아니라 환경의 산물이라고 확신한 근거는, 세 명의 아이를 키운 환경의 차이가 그대로 세 아이에게 반영되고 있다는 것을 눈으로 확인했기 때문이다. 아이가 자신의 최고 지능에 도달할지 어떨지는 5~6세까지 받는 지적 자극, 감각적 자극에 따라 대부분 결정된다고 해도 과언이 아니다. 그런 만큼 이 시기를 어떻게 보내게 하는가에 대한 많은 고민이 필요했다. 부모로서 아이의 지능을 발달시키는 노력과 작용을 지속하는 것이 중요하다.

❖ 베이비서클

아직 앉는 행위가 자유롭지 못한 상태에서 베이비서클에 넣는 습관을 익혀주었다. 자신은 부모와는 다른 사람이라는 것을 느끼기 시작하고 또 하나의 존재임을 깨닫기 시작하는 이 시기부터 완전한 한 사람의 인간(성인)이 되기까지, 아이의 내면에서 부모로부터 독립하려는 마음이 자란다. 이 독립심을 확실히 키워가는 첫 단계로 생각하고 베이비서클을 활용했다.

❖ 완구, 그 외에 것에 대해서

시각, 청각, 후각 등의 감각을 자극하는 데에 도움이 되는 장난감을 적극적으로 제공했다. 딸랑이, 고무 인형, 부드러운 헝겊 인형, 방울이 달린 공, 깨끗한 헝겊 조각, 플라스틱 병, 종이류, 종이봉투, 상자 등 아이가 자유롭게 만지고 입 안에 넣고 핥거나, 빨 수 있는 안전한 물건을 골라서 건넸다. 실제로 체험을 시키자 다양한 물건에 흥미를 보이거나, 묵묵히 혼자서 놀게 되었다.

05 생후 6개월에서 9개월까지의 육아법

독립심의 싹을 키운다

생후 6개월까지 자신의 주위에 대한 탐구가 일단락되고 친한 사람을 파악하고, 모르는 사람이나 물건들에 낯가림을 시작한다. 모르는 물건이나 익숙하지 않은 것을 자각하는 능력이 생기고, 자신을 의식하기 시작하며, 혼자서 놀기 시작한다.

점차 부모로부터 심신을 독립시키려는 의식이 싹트는 이 시기에, 독립심을 키워주기 위해 인내심을 가지고 노력했다.

생후 6개월이 지나면 '모방'하는 사회적 행동을 시작한다.

무엇이든 부모의 흉내를 내게 된다. 이런 지적행동이 시작되면 책을 읽어주기 시작했다.

책을 읽어주거나, 내용을 알기 쉽게 설명해 주거나, 반복해서 상세하게 설명해 주면서 끈기 있게 지적 자극을 촉진하는 노력이 영재로 키우는 기초 다지기가 되었다.

❖ 낯가림

지능발달의 표시라고 생각하고, 처음 본 사람을 대할 때에는 무리하거나 강요하지 않고 천천히 진행했다. 아기를 인격체의 하나로 대하며, 상냥하게 무섭지 않다는 것을 말해 주며 안도감을 키워주었다. 그래서 세 아이의 '낯가림'은 다른 아기들에 비해 자연스럽고 빨리 지나갔다.

❖ 같은 행동을 반복한다

끊임없이 무언가로 책상을 두드리거나, 티슈를 상자에서 한 장씩 뽑아버리거나, 물건을 던지거나, 떨어뜨리고, 서랍 속에서 물건을 밖으로 모두 꺼낸다든지 하는 행동을 계속 반복하는 시기이다.

아이가 자유롭게 물건을 던질 수 있는 상자(서랍)를 만들어주었다.

속에는 던져도 위험하지 않은 다양한 물건을 넣어두었다.

엉금엉금 기던 아이가 조금씩 걸을 수 있게 되는 성장기에는 자유롭게 집 안을 탐구하고, 조사하면서 다양한 지식을 의식적으로 획득하려고 하는 중요한 시기이다.

집 안을 아이에게 위험하지 않은 안전한 상태로 해두기 위해 노력했다. '금지는 위험한 행동을 했을 때에만 한다.'라고 여유 있게 생각하고 흥미를 잃지 않도록 지켜보면서 노력했다.

이 시기부터 30분에서 1시간 가깝게 혼자서 놀 수 있게 된다. 귀엽다고 시도 때도 없이 말을 걸거나, 간섭을 하지 않고 독립심을 키우고, 집중력, 지속력을 키워주기 위한 기초 만들기라고 생각하고 몰래 지켜보기만 하는 시간을 될수록 많이 가졌다.

❖ 완구

젖니가 나기 시작하고, 이가 간질거리는지 씹는 행동을 하기 시작할 때는 씹어도 괜찮은 장난감을 주었다. 타악기, 목욕할 때의 장난감, 플라스틱 컵 등의 보통의 가정용품 등을 놀이도구로 제공해서 스스로 궁리하면서 노는 체험을 시켰다. 아이 스스로 다양한 용도로 응용해서 놀고 있는 것에 놀랐다.

06 생후 9개월에서 12개월까지의 육아법

인내력을 어떻게 키우는가가 분기점

일반적으로 아이는 생후 9개월이 되면 걷기 시작하며, 걷는 준비를 하는 시기이다.

그때까지와 다른 점은 일어서는 행동으로 의해 인간으로서의 눈높이로 세상을 보게 되고, 이로 인해 눈부신 지적능력을 이룩하기 시작한다는 점이다.

아직 말은 못 하지만 남들이 하는 말의 내용을 상당히 이해하게 되며, 명령도 이해하게 된다.

이 성장단계를 놓치지 말고, 자주 아이에게 말을 걸거나, 귀찮아하지 말고 상세하게 사물을 설명하거나 가르치면서 인간으로서의 '교육'을 시작했다.

원숭이나 다른 동물과는 다른 인간으로서의 '매너교육'의 시작으로 생각하고 교육(작용)을 시켰다.

❖ 책을 준다

독서와 책에 대한 애정을 심어주고, 지적수준을 발전시키는 첫 단계로 색상표현 등에 주의해서 책을 선별했다. 그림책은 아이에게 친근한 것이 그려져 있는 것부터 주고, 동화는 짧고 이해하기 쉬운 내용을 매일 들려주었다.

❖ 하루 종일 음악을 틀어준다

감수성이 풍부한 유아기는 다양한 종류의 음악을 들려주며 아름다운 음악이 있는 세계에서 보내도록 했다. 또한 정신적으로 안정된 상태에서 풍부한 정서를 지니도록 했다. 아이의 행동 상황에 부합해서 클래식, 팝송, 가곡, 재즈, 동요 등을 하루 종일 배경음악으로 틀어주었다. 저렴하고 조작이 쉬운 플레이어를 줘서 자연스럽게 조작법을 가르치고, 책임을 지도록 하는 것도 가르치기 시작했다.

❖ 텔레비전

텔레비전이나 비디오에 아이를 맡기는 문제를 실감하게 되었다. 아이는 그냥 텔레비전을 보고만 있어서는 지식이 '기억'으로 정착되지 않기 때문에, 만약 텔레비전이나 비디오를 보여줄 때에는 반드시 곁에서 내용에 대해 설명해 주거나, 서로 대화하는 보조행동을 취해야 한다고 생각했다. 부모가 보조행동이 가능할 때에 보여주고 싶은 내용의 프로그램을 같이 보기 때문에 저절로 텔레비전을 보여주는 일도 적어졌다.

❖ 칫솔이나 젓가락 사용법을 가르친다

인간이 사용하는 도구 중 기본이 되는 것을 가능하면 빠른 시기부터 확실하게 가르치고 싶었다. 이런 기본적이고 손쉬운 것들은 어리다고 가볍게 보지 말고 확실히 반복해서 바른 사용법을 가르쳐야 한다. 아이가 바르고 완전하게 사용했을 때에 칭찬하고 인정해 주는 것은 아이에게 자부심과 자신감을 만들어주는 첫발이라고 느꼈다.

❖ 숫자 암기를 시작하다

생후 9개월이 되면 목욕할 때에나 간식을 줄 때, 기회가 있을 때마다 1~10, 1~50, 1~100 숫자를 부르면서 들려주기 시작했다. '수학적 센스'를 길러주는 첫 단계로 생각하고 반복해서, 놀이나 일상생활 속에서 숫자를 외우듯 들려주었다.

❖ 사회 속에서 아이로서의 매너 완성

울고, 소리치고, 생떼를 부리고, 일방적으로 자기주장을 하는 등 사회의 일원으로 대처하는 능력을 매너로서 교육시키지 않으면, 공공장소나 어른들과 함께 있을 때, '제멋대로 행동'을 하는 것이 아이다. 하물며 좋고 나쁜 일에 대한 구분은 9개월부터 1세 3개월까지 철저하게 가르칠 필요가 있다고 생각하고, 처음 남들에게 피해를 준 행동을 했을 때, 절대로 그냥 넘어가지 말고 '해서는 안 되는 일'이라는 것을 가르치고 교육시켰다.

밥 먹을 때나 외출 시의 매너는 가능하면 빨리 가르쳐둘 필요가 있다. 이것은 영재로 키우기 위한 조건 중 하나로 후일 대단히 좋은 결과로 이어진다. 아무 생각 없이, 제멋대로 자유분방한 행동을 제한하지 않고 키워서는 '인간'이라고 할 수 없다. 사회 속에서 성장하는 아이에게 '기본적인 생활 매너'가 몸에 배어 있지 않다는 것은 이미 30분 정도의 집중력, 지속력이 몸에 배어 있지 않다는 증거이자 인내하는 능력이 없다는 것이다. 이 '인내력'을 키우는 것이 영재로 키우는 일과 직결된다고 해도 과언이 아니다.

❖ 완구

사고하는 장난감을 주기 시작했다. 나무 쌓기, 입체형 블록, 퍼즐 등의 장난감의 사용법, 생각하는 법, 의미 등을 처음에는 곁에서 같이 놀아주면서 가르쳤다.

07 1세에서 1세 반까지의 육아법
지적교육의 본격 스타트

　걷기 시작하면 새로운 성장단계에 들어선다. 자신의 주위를 살펴보거나, 새로운 체험도 늘어나고, 점점 호기심이 왕성해진다. 이 시기를 놓치지 말고 성장을 자극하고 왕성한 호기심을 충족시켜 주기 위한 다양한 지적교육을 체계적으로 시작했다.

　자신을 둘러싼 세계에 대해 배우기 시작한 아이에게 정확하고 바른 지식을 가르치는 일은 대단히 중요한 과제이다.

❖ 장소의 구별을 체험시킨다

　'놀이장소', '개인장소', '공공장소', '가족의 공간', '공부하는 장소', '어른들의 장소', '아이의 장소' 등 각각의 장소에서 해야 할 행동과 해서는 안 되는 행동의 구별을 가르치고 매너를 가르치는 일은 집중력과 자립심, 사회성을 배양시켜 주기 위한 기본이라고 생각했다.

그럼 어떻게 가르쳤을까.

각각의 장소에 데리고 가기 전이나, 각각의 장소에서 행동하기 전에 반드시 그 장소가 어떤 장소인가를 자세하게 설명해 주었다. 다음으로 그 장소에서의 금지행동에 대해서 들려주었다. 그 장소에서의 행동이 끝나면 반드시 칭찬받을 만한 점과 반성할 점을 아이에게 얘기했다.

칭찬받을 점은 부모로서 얼마나 자랑스럽고 기뻤는지를 표현하고 조금 과장되게 칭찬했다. 반성할 점은 얼마나 부끄럽고 싫었던가를 넌지시 표현했다.

행동의 구별과 매너에 대해서는 아이가 몸에 익숙해질 때까지 반복해서 끈기를 가지고 의논하고, 새로운 장소를 체험할 때마다 상세하게 가르쳤다. 갓 태어난 백지상태의 시기에 부모로서 사회성을 체득시키는 노력을 한 것이 영재로 자란 기초가 되었다고 확신하고 있다.

❖ 스킨십

새로운 것을 가르치기 시작하는 시기로 아이가 참을성 있게 노력해서 기억하거나, 자기표현이 가능했을 때에는 진심으로 칭찬하고, 얼마나 멋지고 대단한 일인가를 인정해 주는, 부모의 기쁨을 표현하는 수단으로 스킨십을 애용했다. 칭찬할 때에는 꼭 안고서 조금 과장해서 칭찬하고, 혼을 낼 때에는 잘못된 점을 정확히 설명한 다음에 혼을 낸다. 능숙하게 칭찬하고, 능숙하게 혼을 내고 키우면 자신감과 자부심을 지닌 인격형성에 도움이 된다고 확신하고 있다.

❖ 책 읽어주기

1세가 지나면서 책을 매일 읽어주었다. 균형 잡힌 좋은 인격형성의 기초 만들기를 위해 장르를 나눠서 소상하게 읽어주었다.

장르는 부모의 가치관에 따라 나누었다.

- ♥ 애정을 키워주는 책
- ♥ 사회상식을 키워주는 책
- ♥ 배려심을 키워주는 책
- ♥ 장래의 꿈을 키워주는 책
- ♥ 과학적 사고능력을 키워주는 책

매일 책을 읽어주었더니 스스로 읽을 수 있게 되기까지 2년
도 걸리지 않았다.

❖ 숫자를 가르치다

1~10까지의 숫자를 일 대 일 놀이감각으로 가르쳤다.

숫자암기는 1~30 정도까지를 가르치는 것부터 시작했다.
숫자판, 달력 등으로 숫자를 보여주면서 반복해서 숫자를 가르
치고 들려주었다.

❖ 문자를 가르치다

자음과 모음판, 문자판, 숫자판, 알파벳 판, 한자판 등의 시
판되고 있는 교재를 장난감 대용으로 주고, 놀면서 읽고 들려주
기 시작했다. 무슨 일에도 흥미를 가지는 시기이자, 뇌세포가
비약적으로 발달하는 이 시기를 놓치지 않고 인내심을 가지고
놀이로써 가르치기 시작했다.

❖ 그림카드의 활용

지식으로써 필요한 물건의 이름을 가르치고, 언어의 발달
을 촉진시키기 위해 아름다운 색상과 사실적으로 그려진 유아
를 대상으로 한 교재의 '그림 카드'를 활용했다. 그림카드의

종류는

- 일상생활용품 카드
- 동물 카드
- 꽃 카드
- 교통수단 카드
- 음식 카드
- 상점 카드
- 옛날동화 카드
- 가나다라 카드

등 지식으로써 가르치거나 반복해서 말을 가르칠 때에 활용했다.

❖ 영어 공부

장래에 영어는 필요불가결하다고 보고 1세가 될쯤부터 듣기 연습을 시켰다. 일상생활 속에서 음악을 배경음악으로 틀어놓는 것과 똑같이 외국어 듣기를 생활 속에 도입했다. 이런 영어 듣기 연습은 원어와 똑같은 감각을 익히게 해주어서 저항감 없이 영어 학습에 친숙해질 수 있었다.

❖ 연필을 쥐는 연습 시작

1세가 되면서 바른 연필 사용법을 가르쳤다. 젓가락이나 칫솔 사용법과 마찬가지로 꾸준히 반복해서 사용법을 가르쳤다.

처음에는 아이의 손을 잡고서 빨리 쓰기, 마구 쓰기, 미로, 선 그리기 등 쉬운 것부터 설명하면서 쓰는 기본을 가르쳤다.

책상 위에서만 연습을 한 것이 아니고, 벽이나 마루에도 커다란 종이를 붙여두고 쓰는 즐거움과 표현의 재미를 체험시켰다.

금지행동도 분명하게 가르치면서 '읽기', '쓰기', '계산'의 기초 다지기를 시작했다.

❖ 놀이

아이는 놀이를 통해서 자신을 둘러싼 세계에 대해서 배우기 때문에 체계적으로 놀이 환경을 제공했다.

· 신체적 발육을 촉진시키는 놀이
· 독립심을 키워주는 놀이
· 인간적 애정을 키워주는 놀이
· 자주성을 키워주는 놀이 등

자립심을 가지게 하기 위해 혼자서 노는 놀이 시간을 가지도록 노력했다. 어려서 불안한 마음도 있었지만 눈에 보이는 곳에서 지켜보면서 혼자 노는 시간을 만들어주었다.

08 1세 반부터 2세까지의 육아법
능력개발에 노력해야 하는 이유

1세 6개월 정도가 되자 두 마디, 세 마디의 언어를 사용하기 시작했다. 아이의 언어발달은 생후 부모가 얼마나 체계적으로 지적발달을 촉진시키는 작용을 하고, 애정을 가지고 언어연습을 시켜왔는가에 따라 크게 좌우된다고 생각하고 다양한 노력을 했다.

이제 막 걷기 시작한 아이는 자신을 둘러싼 환경에 대해 무엇이든 알려고 행동한다.

자신도 주위의 어른과 마찬가지로 무엇이든 할 수 있다고 생각하고 도전한다. 무엇이든 알려고 탐험하고, 무엇이든 하려는 노력을 시작한다.

이 시기야말로 자신감을 북돋아줄 필요가 있다. 이 시기만큼 일생 중 눈부신 능력발달을 보이는 시기는 없다. 마치 스펀지에 잉크가 스며들듯 무엇이나 기억하고, 표현할 수 있게 되는 일생에서 가장 중요한 발육기이기 때문에 부모는 최선을 다해서 능력개발에 노력해야 한다.

또 아이가 안전하고 즐겁게 지적탐구심을 유지할 수 있도록 가정 내 환경을 정리했다.

인간 지성의 기초 중에 기초라고 할 수 있는 '읽기', '쓰기', '계산' 능력을 조기에 익혀주기 위해 매일 1시간~2시간의 '학습 시간'(아이와 같이 노는 시간)을 만들어 아이의 일상생활 속에 정착시키려 노력했다.

이 시기에 어떤 일이라도 1시간 이상의 지속력과 집중력을 유지할 수 있다면, 영재로 키울 기반은 거의 완성했다고 해도 과언이 아니라는 것이 3명의 아이를 키운 경험을 통해 얻은 확신이다.

❖ 칭찬을 많이 하면서 키워라

영재로 키우는 '비결'은 아이가 노력한 것을 인정해 주고, 칭찬하는 기회를 놓치지 말고 과장될 정도로 칭찬해야 한다는 것이다. '노력한 행위'를 칭찬하는 것이다.

❖ 이유를 말하고 꾸짖는다

금지사항은 어리다고 무조건 '안 돼.'라고 꾸짖지 않고, 반드시 그 이유를 설명했다. '왜 안 되는가'를 아이와 마주앉아서 자세히 얘기해 주면, 부모도 냉정하게 아이를 키울 수 있고, 아이도 이유를 이해하고 납득하면서 수정하려고 노력한다. 인간으로서의 사회성도 익히고 남들에게 부드럽고 선하게 대하는 것을 가르치는 것과도 연관이 있다고 생각했다.

❖ 숫자감각

일 대 일로 헤아리는 것을 가르쳤다. 1~120까지 반복해서 외우는 것도 가르쳤다. 1~10까지 숫자를 쓰는 연습도 시작했다. 숫자판, 시계, 달력 등 숫자와 관련된 장난감을 주었다. 숫자감각은 환경 속에서 자라는 것으로, 놀이 중에 숫자와 관련된 것을 포함시킬 필요가 있다고 생각했기 때문이다.

❖ 읽기능력

자음과 모음, 한자, 알파벳, 숫자를 가르치기 시작했다. 인간의 기본능력이라고 할 수 있는 '읽기', '쓰기'를 가르치는 것은 빠를수록 좋다고 생각하고, 놀이 속에 적극적으로 지적내용을 포함시켰다.

'씩씩하게 뛰어다니며 놀게 하는 것을 너무 중시해서, 인생에서 가장 능력이 발달하는 이 시기를 절대로 허비하도록 하지 않겠다.'고 결심한 후였다. 항상 의식적으로 지적환경을 정비하고, 시간이 있을 때마다 책을 읽어주고, 말을 걸고, 배우는 것을 일상화하는 노력을 했다.

❖ 기억력 개발

고전을 인용하면서, 시조나 단가 등의 음률로 기억시키는 함께 하는 놀이는 능력개발에 대단히 큰 도움이 되었다.

매일 끈기 있게 읽어주고, 내용을 알기 쉽게 얘기해 주자 몇 개월 만에 200편 이상을 전부 외워버렸다. 시조의 초장을 말하면 잘 돌아가지 않는 혀로 열심히 다음 장을 읊는 모습에 감동을 했다. 지속하지 않으면 어느 순간 잊어버리지만, 무의식 속에서는 기억하고 있기 때문에 고전이나 고문을 배울 때에도 위화감 없이 접하게 되었다.

민족 고유정서를 겸한 기억력 개발의 수단으로 반드시 추천하고 싶은 방법이다.

09 2세부터 2세 반까지의 육아법

사회적 규율과 양심과 매너를 가르친다

이 시기는 아이가 자아에 눈뜨는 최초의 시기이다.

갓 태어났을 때에는 자신에 대한 의식도 없고, 성장함에 따라 자신과 타인과의 구별을 알게 된 아이가 '자아의 확인과 자신을 둘러싼 사회에의 순응'이라는 상반되는 현상에 처음으로 직면하는 중요한 시기이다.

이 시기를 놓치지 말고

♥ 아이에게는 사회인 부모나 가족이 자신에게 기대하는 내용에 따르지 않으면 안 된다는 것과, 부모가 정한 행동제한에는

반드시 복종하지 않으면 안 된다는 것.

♥ 정신적으로 건강하고 자기 긍정심을 가지고 자신감이 넘치고 활발한 아이로 키우기 위한 감정표현의 방법에 대해 확실하게 가르쳤다.

❖ 행동제한에 대해서

2세~2세 반의 아이에게 절대금지 사항은 그렇게 많이 있을 리가 없기 때문에, 적당한 제한을 정해서 생활 속에서 제한과 억제를 명확히 가르쳤다.

아이는 이에 따라 사회적 규율을 배우고, 인간으로서의 매너나 양심을 배웠다(양심이 발달하고, 사회적 규율에 따르게 되는 것은 5세 전후이다).

부모의 판단으로 최소한의 행동금지 사항을 정하고, 이것을 지키도록 일관성 있는 가정교육을 실행하는 것이 대단히 중요하다.

행동제한(금지사항)의 예

♥ 스토브에 다가가기
♥ 공공장소에서 울면서 소리치기

- ♥ 식사할 때 돌아다니기
- ♥ 도로에서 뛰어다니기
- ♥ 어른들 이야기 중에 끼어들기
- ♥ 다른 아이 때리기
- ♥ 모래 던지기 등

❖ 감정표현

분노, 공포, 애정, 수치, 미움, 슬픔, 기쁨 등 내면적 정서인 '감정'을 컨트롤하는 능력이 아직 없기 때문에 모든 감정을 제한하지 말고 자유롭게 표현시키고, 일단 그것을 받아들인 다음 자신(부모)의 말로 바꿔서 그대로 상냥하게 아이에게 되돌려주었다.

'음~ 그렇구나.' 하고 아이를 진정으로 이해하고 있다는 것을 표현함으로써 아이는 자신이 인정받고 있다고 느끼게 된다.

아이는 부정적 감정도, 긍정적 감정도 언어로 표현해서 감정이라는 불확정인 것을 컨트롤 하는 법을 배우게 되는 것이다.

❖ 독서

아이 스스로가 문자를 익혀서 능숙하게 읽을 수 있게 되었다고 해도 '제가 읽을게요.'라고 말하기 전까지 '책 읽어주기'는 매일 계속했다.

아이의 안정된 정서와 부모와의 친밀한 애정을 키워주기 위해 아주 좋은 방법이라고 생각한다.

❖ 놀이

혼자 놀면서 친구가 옆에서 놀고 있다는 것을 즐겁게 느끼지만, 아직 같이 놀 수 없는 '평행 놀이'의 시기여서, 놀이의 보조 도구인 장난감 선택이 중요하다.

말로 표현하지 못하는 감정을 표현하는 수단으로 모래, 물, 점토, 크레용, 펜, 연필, 그림도구 등을 제공했다.

아이의 정서를 키워주고 사고력, 창조력을 키워주는 장난감을, 더러워지는 것에 그다지 신경 쓰지 말고 적극적으로 제공했다. 동시에 삼륜차, 나뭇조각, 크고 작은 공 등 민첩성과 근육의 발달을 촉진시켜 주는 장난감을 제공했다.

10 2세 반부터 3세까지의 육아법

제일 먼저 가르칠 것은 '사회성과 지적감성'

성취감

태어나서 3년 동안은 일생 동안 두 번 다시 오지 않는 지적 취득능력의 전성기라는 말은 정말이었다.

모든 인간은 이 시기에 인생 최초의 학습능력을 가지고 있다. 3명의 아이를 키우고 나서 그 사실을 실감했다.

이 인생에서 제일 중요한 생후 3년을 어떻게 보내는가에 따라 아이의 장래는 크게 좌우된다. 이 시기에 필요한 교육과 부모로서의 노력을 게을리하지 않았다.

칭찬과 격려, 무리하게 강요하지 않으면서도 때로는 조금 무리하더라도 다양한 지식을 가르쳤다. 착실하게 능력이 상승되도록 아이의 상태를 잘 관찰하면서 교육시켰다.

'해냈다.'라는 성취감을 맛보게 하기 위해 항상 곁에서 아이의 상태를 지켜보면서 칭찬하는 노력을 했다. 칭찬받는 기쁨을 깨닫게 된 아이는 흥미를 잃지 않으면서, 흥미의 대상 범위를 넓히며 능력을 향상시켜 갔다.

아이가 자신의 능력에 자신감을 가지고, 자신에게 자부심을 가지도록 키우고 싶다고 생각했다.

❖ '인간'으로서의 기초 만들기

제1반항기라고도 불리는 2세 반부터 3세까지의 시기는 아이의 자아확립과 자의식의 구축을 염두에 두고 키웠다. 아이가 생각대로 자유분방하게 뛰어다니며, 씩씩하게 놀게 두는 것이 유아기의 아이에게 제일 중요한 요소라는 말에는 동감할 수 없었다. 인간으로서 제일 먼저 가르칠 것은 사회성과 살아가기 위한 지적감성이라고 생각했다.

하얀 백지상태에서 시작하는 양육이기 때문에 사회성이 풍부하고, 지성이 넘치는 성인으로 키우기 위한 기초 만들기를 2세까지 끝내놓을 필요가 있다고 생각했기 때문이다.

놀이를 포함한 인간으로서의 매너교육에 주안점을 두고 아이를 키웠다.

❖ 읽고 쓰기의 완성

읽고 쓰기를 할 수 있게 되자 아이의 흥미대상이 놀랄 정도로 넓어졌고, 흥미의 대상이 넓어짐에 따라 아이의 지식욕도 놀랄 정도로 증가했다. 또 읽고 쓰기가 가능해짐에 따라 사회성이 놀랄 만큼 늘어났으며, 지적으로 안정된 행동도 보이게 되었다.

읽고 쓰기가 가능해짐으로써 어릴 때부터 정서도 풍부해졌고 놀이의 폭이 확대되었다. 감정의 컨트롤도 능숙해지고, 타인과의 커뮤니케이션도 능숙해졌다.

읽고 쓰기가 가능해짐으로써 3세까지 아이가 익힌 능력은

- 가나다라, 알파벳, 숫자 읽고 쓰기.
- 짧은 문장을 손쉽게 읽을 수 있음.
- 덧셈, 뺄셈의 초보적 이해가 가능해짐.
- 시계를 볼 수 있고, 시간의 개념을 이해함.
- 의자에 앉아 1시간 이상 집중할 수 있게 됨.
- 격언, 반대어를 이해함.

등의 눈부신 성장을 이룩했다.

지적수준과 문화도의 향상을 위해 하루라도 빨리 읽고 쓰기를 가르칠 것을 권한다.

¹¹ 3세부터 3세 반까지의 육아법

기쁨을 주는 감성을 키워준다

　　유아에서 아이로의 과도기를 지나면 협조심, 기다리는 능력, 나누는 마음 등의 능력이 발달하는 시기이다. 또 언어의 발달에 따라 다양한 일들을 이해할 수 있게 되고, 자기 자신의 행동을 컨트롤할 수 있게 되었다.

　　짜증을 부리는 일도 적어진다.

　　또한 이 시기는 애니미즘(자연도 물건도 자신과 같은 감정을 지니고 있다고 생각하고 표현하는 것) 사고 시기여서, 공상하거나 상상하는 능력을 익혀주기 위해, 어른의 감성으로 부정하는 일 등은 없도록 주의 깊게 지켜보는 노력을 했다.

그리고 친구에게 관심을 가지게 되며 놀이의 형태도 '각자 노는' 놀이에서 '공동 놀이'로 발전하는 시기이다.

따라서 좋은 친구를 만들어주는 장소와 기회를 마련해 주었다.

다른 아이와의 놀이를 통해서 서로 양보하는 능력을 익히는 중요한 시기라고 생각해서 지켜보는 것에서 머무르지 않고, 구체적인 조언도 적극적으로 해주었다.

❖ 집단행동 시의 매너를 가르친다

• 금지사항을 정하고 지키게 한다.

'기다리고, 교대하고, 나누고, 참는 것'을 기회를 놓치지 않고 적극적으로 가르쳤다. 해냈을 때에는 진심으로 칭찬하고, 하지 못했을 때에는 '지키지 않으면 안 되는 매너'라는 것을 분명하게 가르치고 사회성을 익히게 했다.

• 타인을 기쁘게 하는 것과 부모에게 순종하는 것에 대한 기쁨을 느끼는 감성을 키운다.

언어의 발달에 따라 주위 사람과의 커뮤니케이션이 가능해지고, 정신적으로 안정되는 시기여서 '왜 그렇게 해야 하는지' 를 분명하게 설명하거나, 약속을 지키게 했다.

❖ 끈기 있게 '일'에 열중하는 것을 가르친다

• 장문의 책을 읽어주기를 시작한다.
조금 어려운 내용의 책을 알기 쉽게 설명을 해주면서 읽어주기 시작했다. 읽어줄 때에는 아이의 상태를 관찰하면서 조금씩 늘려간다. 물론 아이의 능력에 맞는 책의 읽어주기도 병행해서 실행한다.

• 창작활동의 장소를 제공한다.
크레용, 색연필 등을 사용한 자유로운 그림그리기에서부터 색칠그림, 그림도구를 사용한 창작활동을 일과에 도입했다.

• 나무 쌓기, 퍼즐 등의 난이도를 높인다.
아이의 능력을 지켜보면서 난이도를 높여간다. 조금 어려운 일에 도전시킴으로써 달성감의 기쁨을 가르치는 것도 의의가 있다.

· 옷을 입고 벗는 것을 가르친다.

혼자서 할 수 있도록 처음에는 간단히 입고 벗을 수 있는 옷으로 가르치고, 혼자서 해내면 반드시 칭찬하고, 꾸준히 연습하도록 인내심을 가지고 지켜본다.

· 학습습관을 익히게 한다.

자음과 모음, 가나다라, 알파벳, 숫자의 읽고 쓰기의 실력을 파악해서 지식의 폭을 넓혀 주는 노력을 했다. 국어, 계산, 영어의 실력 향상을 위해 '학습습관'을 익히게 했다.

12 3세 반부터 4세까지의 육아법

초보적인 생활습관을 확립시킨다

3세부터 4세까지 초보적인 생활습관의 확립을 목표로 아이를 키웠다.

인간으로서 지켜야 할 생활규율을 체득시키고, 생활리듬을 스스로 지켜가는 노력과 자립을 가르쳤다.

아이가 평소에 스스로 실행하는 것은 아직 불가능하기 때문에, 확실하게 '습관화'시키기 위해 끈기 있게 말해 주었다.

'생활습관의 확립'을 목표로 아침에 일어나서 취침할 때까지 하루의 일과를 정해서 생활시켰다.

일상생활 속에서 반드시 해야 할 일을 정하고, 일과 속에 집

어넣었다.

부모나 아이도 자신을 절제하고 '습관화'할 수 있을 때까지 꾸준한 노력이 필요했다.

❖ 기상시간, 취침시간의 확립

수면을 충분하게 취하게 하는 것은 대단히 중요하다. 왜냐하면 기억한 지식이 '기억'으로 뇌 속에 정착하는 것은 자고 있을 때이기 때문이다. 아무리 많은 것을 가르쳐도 충분한 수면을 취하지 못하면 기억으로 정착되지 않기 때문에 생활습관으로 기상시간과 취침시간을 정해서 지키게 했다.

❖ 배설

스스로 알아서 화장실에 가고, 휴지를 능숙하게 사용할 수 있도록 반복해서 가르쳤다.

배탈이 났을 때나, 평소와 다른 대변을 보았을 때에는 부모에게 알리도록 했다. 자신의 건강관리의 기본을 가르친 것이다. 또 유치원이나 학교에 가기 전에 대변을 보도록 하는 습관도 익히게 했다.

❖ 옷 입기와 벗기

옷의 단추 채우기나 지퍼 올리기 이외는 혼자서 완전하게 할 수 있도록 가르쳤다.

옷의 앞뒤와 겉과 속에 신경을 쓰는 것과 더워지면 벗고, 추워지면 옷을 껴입는 것 등 스스로 기온이나 상황에 적응해서 입고 벗을 수 있도록 가르쳤다.

옷에 관심을 가지고 패션을 통한 문화도를 높이기 위해 '잘 어울리는구나!', '귀엽네!', '멋지구나.' 등의 애정이 담긴 말을 의식적으로 들려주었다.

❖ 위생

스스로 청결을 유지하려는 생활태도를 익히게 하는 것도 중요하다. 4세까지 이를 닦는다거나, 머리를 빗는 행동이 가능하도록 반복해서 가르쳤다. 이를 닦는 습관의 확립을 위해서는 반복해서 가르치거나, 같이 이를 닦거나, 마지막 정리를 부모가 도와주는 노력도 필요하다.

❖ 식사

음식을 흘리지 않고 혼자서 먹을 수 있도록 젓가락 사용법을 가르쳤다. 대화를 나누면서 식사를 하는 것은 애정을 깊게 하기 위해서라도 대단히 중요한 일이지만, 먹는 것이 취약해지거나, 부실한 음식섭취가 되고, 식사에 너무 많은 시간이 걸리는 등 '집단생활' 속에서 지장이 나타나기도 하기 때문에 함께 식사하는 주위의 사람들과의 속도에 맞추면서 식사를 하는 필요성도 가르쳤다.

주어진 식사에 감사하고, 남기지 않고 먹는 노력을 할 것, 싫어하는 음식이라도 영양을 생각해서 참고 먹어야 하는 것을 가르쳤다. 식탁을 더럽히거나 뒷정리를 도와주는 것도 조금씩 시켰다.

❖ 학습

'공부하는 습관'을 익혀주었다. 아이가 어리다고 2~3일 공부를 시키지 않으면 금방 집중력이 떨어지기 때문에 매일의 일과 속에 '학습시간'을 정해 놓았다. 부모의 사정으로 아이의 생활 일과를 바꾸지 않도록 사소한 일은 희생하고라도 아이를 키웠다.

¹³ 4세부터 4세 반까지의 육아법

정서 불안정기는 교육의 기회

3세 유아 특유의 협조성이 왕성한 정신 성장기에서, 정신이 불안정해지고, 정서가 안정되지 않아 울거나, 불평을 부리거나, 집요할 정도로 끈질기게 질문을 하는 등의 일상 행동에서 자기 주장이 강해지고, 융통성이 없는 행동을 하는 시기이다.

아이 스스로 해야 할 것을 '일(일과)'로써 인식시켰다. 장래에 필요한 단계라는 것을 가르치고, 싫어도 해야만 하는 일이 많이 있다는 것을 자각시켰다. 참고 노력하는 것의 중요성을 반복해서 들려주었다. 비록 어리더라도 마주보고 말을 하면 이해하고 따르게 되었다. 태어난 후 4년, 말도 할 수 있게 되고, 자유롭게 행동할 수 있게 되었으며, 자기과시욕도 생겨난 것이다. 이 성장을 인정하고 현실의 능력 향상으로 자기 긍정감을 맛보게 해줄 수 있다면 의외로 빨리 불안정한 시기를 벗어날 수 있다는 것을 확신했다.

❖ 사회성을 익혀주기 위해

집단 속에서 다양한 트러블을 경험시키는 것은 의미 있는 일이었다. 그중 처세술이라고 할 수 있는 타인과의 관계에 대해 자연스럽게 배울 수 있었다. 부모로서 항상 아이의 상태에 신경을 쓰고, 그때마다 조언을 하거나 가르치는 것은 두말할 필요도 없다.

❖ 리더십을 키워주기 위해

아이는 부모에게서 배운 제한과 자기억제를 자신 속에서 축적시켜, 사회규율에 대한 자세를 확립시켜 간다. 인간으로서의 '양심'을 배우게 하고, 반사회적 행위를 경계하는, 바르고 건강한 심성을 지닌 인간으로 키우고 싶었다. 리더십을 발휘할 수 있도록 키우려면 어떻게 하면 좋을까. 사회규범을 몸에 익혀주는 이외에 다른 방법은 없다고 생각했다. 사회규범이 몸에 배면 장래의 리더십으로 이어져 사회에 대한 공헌능력과 가족에 대한 사랑도 키워줄 수 있는 토대가 생긴다고 생각했다.

❖ 독서습관의 확립

매일 반드시 책을 읽는 환경을 만들었다.

'책을 읽어라.'라고 명령만 해서는 습관이 되지 않는다. 내버려둬도 자주적으로 읽게 될 때까지 부모가 항상 읽어주거나, 아이의 곁에서 독서하는 환경을 만들어줄 필요가 있다. 독서능력은 모든 지적능력의 기초가 된다고 생각해서, 독서습관의 확립은 육아목표의 하나였다.

❖ 편지쓰기를 가르치다

문자를 쓸 수 있게 되면 편지 쓰는 것을 가르쳤다. 문장력의 확립에 대단히 도움이 되고 아이의 자신감과 인간적 성장에 도움이 된다고 생각했다. 자신의 생각을 문장으로 표현해서 상대에게 전함으로써 어릴 때부터 다양한 인간관계를 넓혀주는 결과를 얻을 수 있었다. 동시에 연하장, 안부편지, 크리스마스카드, 생일카드 등 사회적 예절과 습관을 배움으로써 사회성도 몸에 익히게 되었다.

❖ 일기 쓰기를 가르치다

자기반성, 자기점검을 하는 능력을 키워주기 위해 일기를 쓰는 것을 가르쳤다. 일상을 어떻게 지내고 있는가의 점검의 중요성을 가르치고, 자신을 되돌아보는 일을 가르침으로써 놀랄 만큼 인간적으로 성장을 이룩했다.

¹⁴ 4세 반부터 5세까지의 육아법

인격형성의 기초는 모범에 있다!

바른 아이로 키우려면 이 점에 유의

아이의 기질(타입) ─ 성격의 형성은 유전과 환경이라는 두 요인의 상호작용의 결과이다.

특히 부모와 자식 간의 관계(생후의 환경)의 영향이 대부분을 차지한다고 생각했다. 부모가 항상 상냥하고 밝으면 아이도 그 것을 모방해서 상냥하며, 지적인 부모 밑에서 자란 아이는 지적인 아이가 된다고 경험에서 실감하고 있다. 바로 부모의 행동을 목격하면서 새로운 행동양식을 습득하는 '모델(모범)'을 의식해서 아이를 키웠다. 인격형성의 기초는 인생 최초의 '초기학습기'에 아이가 어떤 환경에서 자랐는가에 따라 결정된다고 확신하고 육아에 임했다.

이 시기는 남들에게 명령을 받거나, 구속받는 것을 싫어하며, 폭언을 하거나, 유치한 행동을 하는 등 감정을 그대로 주위에 표출하는 정신적으로 불안정한 시기이다. 또 상상력과 공상력도 왕성해지고, 사실과 거짓을 구분할 수 없는 때가 있는데, 고의로 거짓말을 하는 것이 아니기 때문에, 어느 정도는 유의하고, 꾸짖지 않고 너그럽게 지켜보기로 했다.

말하는 능력도 발달하고, 모든 일에 말참견을 하거나, 사교적인 행동도 할 수 있게 되지만, 아이는 원래 '자유'에 의해서밖에 행동하지 않기 때문에, 인간으로서의 교육과 훈련의 기회라고 생각하고, 해서는 안 될 일과, 싫어도 해야 할 일을 분명하게 가르쳤다.

❖ 인간이라면 가지는 '기본적 욕구'

부모는 자신의 아이가 어떤 사람이 되기를 원할까. 아이 자신은 성장해서 어떤 사람이 되고 싶은 것일까.

자신이나 타인의 눈으로 보아도 사회적으로 성공하고, 위대한 인물이 되는 것이 인간이 가지는 기본적이고 당연한 욕구일 것이다. 아이가 자신의 자질에 대해서 자부심을 가지고, 적당한

자존심을 가지는 것은 건강한 정신으로 살아가는 활력을 유지하기 위해 필요불가결한 것이다. 이런 정신을 초등학교 입학까지 키워주고 싶어 '읽기, 쓰기, 계산, 외국어' 능력을 겸비할 수 있는 작용을 매일의 일과로써 실행했다.

❖ '지능을 키워주는 방법'

아이의 지능을 발달시키기 위한 첫발은 다양하고 확연한 '사실(개념)'을 가르치는 것이다. 다음으로 '사실(개념)'이 뇌에 축적되도록 반복해서 '사실(개념)'을 가르치는 것이다. 그리고 뇌에 축적된 '사실(개념)'을 효과적으로 활용할 수 있도록 '사실(개념)'을 꺼내서 사용하는 기회를 많이 제공하는 것이다.

덧붙여서 '사실(개념)'의 내용이나 중요성을 조금씩 난이도를 높이면서 아이 스스로의 힘으로 다양한 문제를 해결하도록 기회를 늘려주는 것이다.

마지막으로 '사실(개념)'들의 관련성에 대해서 가르친다. 이 '사실(개념)'을 아이 스스로 재배치해 보거나, 조합해 보도록 함으로써 다양한 능력을 발휘할 수 있도록 하는 것이 지능의 발달이다.

15 5세부터 5세 반까지의 육아법

기초 운동능력과 규율성을 키워준다

정서 안정기에 들어서고, 순응성이 나타나는 시기로 사회성을 몸에 익히고, 타인과의 관계도 우호적으로 되었다.

4세 아이였을 때의 억지도 없어지고, 자제심도 생겨서, 어떤 일에 대해서도 '해냈다!'라는 달성감을 갈구하게 된다. 또 자신이 할 수 있는 일만을 골라서 하게 된다.

지적 호기심도 왕성해지고, 무엇이든 해내고 싶고, 알고 싶다는 학습의욕도 나타나기 때문에 일과 속에 학습시간을 충실히 만들어주었다.

육체적으로는 근육의 발육과 발달을 위해 뛰어다니면서 에

너지를 방출하고 싶다는 생리적 요구가 나타나는 시기이다.

근육의 발달을 촉진하고, 놀이나 스포츠의 기술을 발달시키기 위해 충분한 기초운동능력을 배양하는 기회를 제공했다.

운동능력은 지적능력의 토대라고 생각하고 편중되지 않는, 전신운동과 규율성을 키워주는 운동을 아이의 신체적 성장을 가미하면서 배우게 했다. 이것은 집단행동을 배우게 하는 의미에서도 아이의 인격성장에 대단히 좋은 결과를 보였다.

16 5세 반부터 6세까지의 육아법

반사회적 행동과 충동을 컨트롤하는 능력 키우기

　사물을 실천적으로 판단하는 능력이 생기고, 협력정신이 발달하는 시기이다. 명령에도 순응하고 따르게 되며, 무언가를 할 때에는 어른의 허가나 지시를 받아서 행동하게 되기 때문에 자신의 충동을 컨트롤하는 방법을 학습시키고, 몸에 익히게 해주는 것이 필요하다고 생각하고 키웠다. 이것은 초등학교에 입학하고 나서의 반사회적 문제행동을 스스로 컨트롤하고, 금지하는 능력을 익혀주게 하기 위해 대단히 중요하다고 생각했다.

❖ 아이의 반사회적 행동 억제에 대해서

반사회적 행동과 충동을 억제시키기 위해서 해도 좋은 일과 안 되는 일을 분명하게 교육시켜야 한다. 기본적인 사회성과 정서라는 인간관계를 원만하게 영위하기 위한 능력은 이 시기에 분명하게 몸에 익히게 해줄 필요가 있기 때문에, 금지사항을 분명하게 정하고, 해서는 안 되는 것을 기회가 있을 때마다 가르쳤다.

❖ 체벌에 대해서

해서는 안 될 일을 했을 때에는 '왜 안 되는지'를 들려주고, 알고 있으면서 나쁜 일을 했을 때나, 위험한 일이나, 난폭한 일을 했을 때에는 벌을 주었다. 아이가 소중하게 여기는 물건을 압수하거나, 방에서 나오지 못하게 하는 등 아이 스스로 반성하는 기회를 주었다.

요즘의 어머니들은 때리는 것을 두려워하지만, 계속 말을 듣지 않을 때에는('그만해.'라고 말하는 것은 2~3번까지) 체벌을 가해도 괜찮다고 생각한다. 꼭 필요하다고 생각했을 때에는 정말로 엄하게 화를 내면서 때렸다. 손바닥으로 엉덩이를 때리는 것이다. 길고 장황한 설교보다 금지사항을 어겼을 때는 사건을 확실히 분별시키는 의미에서도 체벌은 필요하다고 생각한다.

¹⁷ 6세부터 초등학교 입학까지의 육아법

초등학교 저학년 정도의 학력과
집단 행동에 대해서 가르친다

❖ 1시간 이상의 집중력과 지속력을 키워준다

이것은 하루아침에 이루어지는 것이 아니다. 생후부터 바로 끈기 있게 지적교육과 매너교육이 필요, 불가결했다.

❖ '읽기, 쓰기, 계산, 영어'는 초등학교 3학년 정도의 학력을 키워둔다

기초의 기초라고 할 수 있는 초등학교 저학년 정도의 학력은 확실히 키워두어야 한다. 공부를 하기 위한 첫 단계에서의 남들과의 차이는 커다란 자신감과 다음 단계를 향한 의욕으로 이어진다. '할 수 있다!'라는 자기긍정은 반드시 리더십으로 연결된다.

❖ '생각하는' 것을 가르친다

폭넓은 체험을 시켜주고, 이에 대처하는 다양한 능력과 창조성을 키워주는 노력을 했다. 어떤 경우에서도 냉정하게 대처하는 힘과, 생각의 정리를 위한 개념을 키워주기 위해 힘을 썼다. '이럴 때에는 어떻게 판단하고 어떻게 행동하는가.'를 아이 스스로 생각하고 판단하는 능력을 가르쳐주는 것이 중요하다.

❖ 초등학교에서의 '집단행동에 대해서' 가르쳐준다

- 초등학교교육이란 무엇인가
- 초등학교의 인간관계에 대해서
- 선생님의 역할에 대해서
- 급식에 대해서
- 방과 후에 대해서
- 교우관계에 대해서
- 학력에 대해서
- 가정교육에 대해서

• 개개인의 차이에 대해서

부모로서 어떻게 생각하고, 어떻게 평가하고, 어떤 것인지를 상세하게 설명하고 들려줄 필요성을 느끼고, '학습하는 장소, 교육을 받는 장소'로서의 초등학교란 무엇인가에 대한 지식을 입학 전에 가르쳤다.

❖ 학습의 습관을 가르쳐준다

정말로 이해할 수 없는 내용이나 새로운 내용의 학습 이외에는 아이 스스로 책상 앞에 앉아서 공부하게 하는 습관을 키워주었다. 스스로 생각하고, 자신의 힘으로 새로운 지식을 얻어가는 기쁨을 느끼게 하기 위해서는 학습습관의 확립은 반드시 필요하다. 단 이것은 부모의 참을성 있는 지도와 인내가 없고는 성취할 수 없다는 것을 3명의 아이를 통해서 배웠다. 확신을 가지고 말할 수 있는 것은 '입학할 때까지 하루에 2시간 정도의 학습습관이 확립되어 있다면 인생에서 5분의 1을 차지하는 취학 기간 중에, 부모나 아이도 "공부해라!", "하기 싫어!"와 같이 대립하며 괴로워하는 일은 없을 것'이라는 점이다.

'스스로 자신의 길을 개척해 나가는 힘'이라고 할 수 있는 학력을 익혀주기 위한 첫발은 학습습관을 익혀주는 것이라고 생각했다.

작가후기

첫째 아이의 탄생을 앞에 두고, 학생의 신분으로 결혼한 젊기만 했던 나는 '인간을 키운다.'라는 장대한 '일대 사업'에 임했을 때 아무것도 모르는 채, 육아서나 교육서를 마구 읽었다. 소아과의사, 교육평론가, 교육학학자 등 육아서는 다양했지만, 권위 있는 남성의 손에 의해 쓰인 것뿐이어서, 실제로 실천하려고 해도 현실에서의 육아에 있어서는 맞지 않고, 납득할 수 없는 의문투성이의 내용뿐이었다. 매일 현실에서 실행하는 육아에서는 적용하기 어려웠던 것이다. 내 청춘을 걸고서 도전하는 육아는 때때로 불안과 초조함, 실망과 좌절감을 남겼다.

최소한의 기준을 키워주라고 말하는 것 같은 육아서나 교육서는 '하다못해 나(부모)보다는 우수하게 키우고 싶다.', '마음이 따스하고 이지적이고 씩씩하게, 사회에 공헌할 수 있는 성인으로 키우고 싶다.', '산다는 것에 대한 즐거움과, 적극적이고 열정적인 사람으로 키우고 싶다.', '바른 가정교육으로 매너와 예절을 지키는 좋은 인간으로 키우고 싶다.', '가족과 친구, 자연을 사랑하는 풍부한 정서를 가진 사람으로 키우고 싶다.', '유능하고 개성 넘치는 인간으로 키우고 싶다.'는 어머니로서의 내 바람에는 턱없이 부족하기만 했다.

'저자는 대부분 남자다, 실제 육아에 대한 경험도 없고, 실천성이 떨어지는 것은 당연하다. 납득할 수 있는 제안만을 선택해서 실천하면 된다는 나름대로의 육아목표를 정해서, 목표달성을 위한 육아법을 실천하자. 아이를 키우는 사람은 나다.'라고 마음을 되잡았다. 숙고하고 고민했다. 공부도 하고 노력도 많이 했다. 육아는 어떤 사업보다도 장대하고 의의 있는 프로젝트라고 실감했다. '십인십색(十人十色)'이라는 말은 육아에 있어서 가장 상징적인 말이라고 생각한다.

각각의 가정에 각각의 부모가 있고 각각의 아이가 있다. 백명의 아이가 있으면 백 가지의 육아법이 있다고 실감했다. 부모 스스로 어떻게 키우고 싶은가를 정하면 되는 것이며, 세운 꿈을 실현하기 위해 노력하고 궁리한 육아법을 하면 된다고 믿었던 것이다.

내 육아의 테마는 바로 '영재로 키우자!'였다. 때로는 인내하고 성장하는 아이를 눈앞에 마주하면서 '인생에서 다시 시작하는 것은 있어도, 아이를 키우는 데에는 다시 한 번이라는 말은 없다.'라는 신념하에 아이가 태어나서 4~5년간은 다양한 궁리와 노력을 거듭했다. 부모의 분신인 아이가 매일 성장하는 모습은 감동의 연속이었다. 그 감동이 다음 단계를 위한 노력과 육아의 원동력이 되었다. 첫째 아이, 둘째 아이, 셋째 아이에게 한 노력과 실천은 점점 알찬 육아로 바뀌고, 아이의 성장과 함께 저 자신도 '나만의 육아법'에 대한 확신과 자신감이 생겼다.

빠른 시기에 좋은 환경을 갖추어주면 아이의 지능발달은 촉진된다. 타인에게만 맡기는 육아가 성공할 리 없다. 부모로서의 모든 능력을 동원해서 아이가 긴 인생을 풍족하게 보낼 수 있도록, 인간으로 사회에 공헌할 수 있도록 키우고 싶다는 '나만의 육아법'은 놀랄 만한 성과를 거뒀고, 아이들과 접해 본 어머니들에게도 '어떻게 하면 이렇게 뛰어난 아이로 키울 수 있나요?'라는 질문과 상담을 받았다.

아이를 보통사람 이상으로 키우고 싶다는 부모로서의 염원에 감동했다. 육아서나 일반론에서는 해결할 수 없는 일상에서의 육아에 고뇌하는 어머니들이 많다는 것에도 놀랐다. 구체적으로 실천적인 세세한 사항을 얘기할 기회가 늘어남에 따라, 지금 현실에서 육아에 직면하고 있는 어머니들이 절실하게 바라고 있는 것은 하드 면에서의 육아지침이 아니라, 아이의 성장상황에 맞춘 소프트 면에서의 실천 노하우라는 것을 절감했다.

이 책에서는 우리 3명의 아이의 성장기록을 기준으로 실제의 육아 체험에서 얻은 확신과 성과를 태교에서부터 초등학교 입학 전까지 한정해서, 육아 제안서로서 총론적으로 설명했다. 본서 각 장, 각 테마마다 구체적으로 상세한 사항을 다 기술하지 못한 부분이 남아 있기 때문에, 각론을 속편으로 가까운 시일 내에 집필할 것을 약속드리는 바이다.

부록

아이들에게 실시한 교육적 시도 기록(발췌)

육아에 이용한 교재, 교구, 책 리스트

태아기	생후 1개월 정도까지
• 다양한 장르의 음악을 하루 종일 틀어놓고 생활한다 - 클래식, 재즈, 라틴 음악, 민요 등. • 부모로서의 '이상적인 아이 상'을 반복해서 들려주는 등 정신적 유대 감을 쌓는 다양한 시도를 함.	• 어떻게 키울 것인가, 어떻게 키우고 싶은가, 가족들이 의견을 교환하고 충분히 의논한다. • 아름다운 멜로디(모차르트)나 아름 다운 가사의 음악(동요)을 반복해서 들려준다. • 안고서 노래를 불러주거나, 말을 걸 때의 보조도구로써 장난감이나 헝 겊인형 종류를 사용한다. • 잘 보이는 위치에 메리 모빌(줄에 매 달아 놓은 장난감)을 걸어놓는다.

1개월 정도 ~3개월 정도까지	3개월 정도 ~생후 6개월 정도까지
• '육아'에 대한 마음가짐과 능력개발을 어떻게 할 것인가에 대한 윤곽을 정한다. • 미각발달을 위해 여러 종류의 다양한 과즙을 준다. • 아름다운 멜로디(모차르트)나 아름다운 가사의 음악(동요)을 반복해서 들려준다. • 북(장고, 소고 등), 거울을 이용해서 아이에게 관심 끌기.	• 지적, 감각적 자극을 준다. • 완구 — 딸랑이, 고무인형, 부드러운 헝겊인형, 천 조각, 플라스틱 병, 종이류, 종이봉투, 상자 등 자유롭게 접하거나, 핥거나, 빨거나 하는 실제 체험을 시켜줌으로써 혼자서 노는 기초를 만들어준다. • 아름다운 멜로디(모차르트)나 아름다운 가사의 음악(동요)을 반복해서 들려준다.

6개월 정도~생후 9개월 정도까지

- 혼자 놀이에서 독립심을 키워주기 위한 시도나, 지적 자극을 위한 책 읽어주기 시작.
- 완구 ─ 타악기, 목욕용 놀이 완구, 플라스틱 가정용품.
- 그림책 ─ 색과 동물, 동물들의 먹이, 탈것, 인사방법 등을 알려주는 알기 쉬운 그림책.
- 아름다운 멜로디(모차르트)나 아름다운 가사의 음악(동요)을 반복해서 들려줌.
- 음악을 하루 종일 틀어준다 ─ 클래식, 대중음악, 재즈, 동요, 외국의 어린이 노래 등.

9개월 정도~생후 12개월 정도까지

- 어느 정도 내용을 이해할 수 있고, 명령도 이해할 수 있기 때문에 말을 걸거나 설명하고 가르치거나 인간으로서의 교육을 시작함.
- 식사할 때의 매너교육 완성.
- 외출 시의 매너교육 완성.
- 칫솔, 젓가락의 사용법을 가르침.
- 숫자 암기 시작 — 1~10, 1~100.
- 완구(사고하는 완구를 주기 시작함) — 나무 쌓기, 입체형 블록, 퍼즐, 소프트 블록 등 사용방법, 생각하는 법, 의미 등을 함께 놀면서 가르침.
- 그림책 — 일상에 쓰는 물건이나, 꽃, 탈것, 동물이 그려진 그림책을 주고 익히게 함. 또한 원, 삼각형, 사각형의 도형과 크고 작음, 숫자, 자음과 모음, 한자, 영어, 유아용 책 등을 줘서 친근함을 익히게 함.
- 음악을 하루 종일 틀어준다 — 클래식, 대중음악, 재즈, 동요, 외국의 어린이 동요 등.

※ 간단하게 사용할 수 있는 녹음기의 조작법을 가르침.

1세 정도~1세 반 정도까지

- 1세가 되자 매일 책 읽어주기를 함.
- 일 대 일 대응으로 숫자 암기. 숫자판, 달력.
- 숫자 세기, 자음모음, 알파벳, 한자.
- 언어의 발달을 촉진시키기 위해 그림카드를 활용 ─ 교통수단 카드, 동물 카드, 음식 카드, 전통동화 카드, 상점 카드.
- 영어 리스닝 시작 = 하루 종일 음악과 함께 틀어놓음.
- 연필 쓰기 연습 시작.
- 혼자 노는 시간 확립.
- 책 ─ 노래 그림책, 유아용 책, 전화 받는 것을 가르치는 책, 숫자 헤아리기, 친구는 어떻게 사귀는가, 구몬 독서 코스 5A, 어떻게 하면 좋을까(사고력을 키워주는 책).
- 음악을 하루 종일 틀어놓는다 ─ 클래식, 대중음악, 재즈, 동요, 외국의 어린이 동요 등. 특히 동요를 들려줌.

※ 책상에서 30분 이상 집중하는 습관을 키워준다.

1세 반 정도~1세 8개월 정도까지

- 자음모음 카드, 한자 카드를 각각 5~6장씩(주 단위로) 가르침.

- 미로찾기로 연필 연습.

- 숫자판을 사용해서 순서대로 나열하는 것을 가르침.

- 1~10까지 쓰는 연습.

- 알파벳을 보면서 가르침.

- 시조 카드를 사용해서 시조(단가)를 암기시킴 ─ 미로찾기(연필 연습), 자음모음 카드, 시조 카드, 가나다라 카드, 숫자표, 알파벳표, 영어 노래 테이프(CD), 영어 리스닝 테이프(CD), 한자판, 숫자판(100까지), 쉬운 블록 쌓기, 퍼즐.

- 화장실 훈련 종료.

- 책 ─ 동물 숫자 헤아리기, 인사말(아침, 점심, 저녁인사말 등), 시간 개념을 위해 시간 물어보고 대답하기, 자연에 친숙해지도록 해주는 책.

- 음악을 하루 종일 틀어놓는다 ─ 클래식, 대중음악, 재즈, 동요, 외국 어린이 동요 등 영어 리스닝 CD를 반복해서 들려줌.

※ 1~10까지 아이가 손으로 헤아리며 쓸 수 있게 됨.

1세 8개월 정도~2세 4개월 정도까지

- 시조 카드로 주에 5~6편 기억시킴(기억력 개발과 정서).

- 반복해서 미로찾기로 연필 쓰기 훈련.

- 영어단어의 뜻과 의미를 가르침.

- 블록 쌓기 게임(레고 등).

- 퍼즐(18피스~24피스)완성.

- 모자, 옷의 입고 벗기를 가르침.

- 한자판, 한자 카드의 적극적 도입 활용.

- 음악, 영어 리스닝을 하루 종일 들려줌.

- 책 — 구몬 독서 코스(4A), 아이디어 그림책, 에릭 칼의 그림책 시리즈, 동물들에 친숙해지는 그림책.

※ 자음 모음을 읽을 수 있게 됨. 유아어가 아닌 처음부터 문장으로 말을 함.

2세 4개월 정도~2세 8개월 정도까지

- 미로찾기로 손목 트레이닝을 한 결과 자음 모음을 쓰게 됨.

- 쉬운 문장을 읽음.

- 1~260까지 숫자를 순서대로 쓰다.

- 덧셈 개념을 이해.

- 영문을 쓰다.

- '시계'를 보게 됨.

- 시조 카드, 덧셈 카드, 뺄셈 카드, 곱셈 카드, 상점 카드, 빵 점토, 크레용, 펜,
  연필, 삼륜차, 나무 쌓기, 크고 작은 공.

- 음악, 영어 리스닝을 하루 종일 들려줌.

- 책 ― 구몬 독서 코스 3A, 쓰기 연습, 사람들의 생활을 그린 그림책, 그림을
  그리는 즐거움을 가르쳐주는 그림책, 자신과 사회와의 관계를 인식시켜 주
  는 그림책, 동물들이 요리하는 것과 먹는 즐거움을 가르쳐주는 그림책, 새끼
  동물들의 사진책 등.

※ 책상에서 1시간 이상 집중하는 습관을 길러준다. 시조 120수 암기 완성.

2세 8개월 정도~3세 1개월 정도까지

- 짧은 문장을 손쉽게 읽을 수 있게 되다. 책을 읽음.
- 한자를 쓰기 시작함(초등학교 1학년 한자).
- 덧셈, 뺄셈을 하다(두 자리+한 자리, 두 자리-한 자리).
- 영어 읽고 쓰기에 적극적으로 도전함.
- 반대말 카드, 사자성어 카드, 나라지도 카드, 속담 카드, 영어 반대말 카드, 전통 동화 카드, 국가지도 퍼즐, 세계지도 퍼즐, 도미노 패.
- 음악, 영어 리스닝을 하루 종일 들려줌.
- 책 ─ 동물들을 이해하고 마음을 교류할 수 있는 그림책, 상상력을 넓혀 주는 그림책, 톨스토이의 「세 마리의 곰」, 「톨스토이 민화」, 자연의 변화를 느끼게 해주는 그림책, 아이의 공상세계를 그린 그림책, 구몬 독서 코스 2A, 안데르센 상 수상작가 토미 웅거러의 책, 놀면서 여러 가지 것을 배울 수 있는 그림책.

※ 집단행동 시의 매너 완성, 숫자, 자음 모음, 알파벳 읽고 쓰기 완성.

3세 1개월 정도~3세 5개월 정도까지

- 장문을 능숙하고 손쉽게 읽음(초등학교 1, 2 한자).

- 덧셈(30까지).

- 뺄셈(20부터).

- 영어사전 사용법을 가르침.

- 장문의 책의 읽고 쓰기를 매일 연습함.

- 반대말 카드, 사자성어 카드, 속담 카드, 영어 반대어 카드, 전통동화 카드, 나라지도 퍼즐, 세계지도 퍼즐, 도미노 패, 나무 쌓기와 퍼즐의 난이도를 올림.

- 자유로운 그림 그리기 외에 따라 그리기 등 제약이 있는 창작활동도 시킴.

- 전통예술의 연습을 시작함.

- 음악, 영어 리스닝을 하루 종일 들려줌.

- 책 ― 구몬 독서 코스 A, 숫자와 음식을 친근하게 익힐 수 있는 그림책, 자신의 물건에 대한 개념을 익히게 해주는 책, 러시아 옛날이야기, 버지니아 리버튼의 동화책 「말괄량이 기관차 치치」, 「작은집 이야기」, 그림 형제 저/펠릭스 호프만 그림의 「그림 형제 동화집 1, 2」, 「행복한 한스」 등.

※ 책상에서 90분 이상 집중할 수 있는 습관을 익히게 함. 학습은 칭찬하고 부추겨서, 무리하게 강요하지 말고, 저항하거나 하고 싶지 않은 모습을 보였을 때에는 조금 전(쉬운 부분)으로 돌아간다.

3세 5개월 정도~3세 7개월 정도까지

- 한자(초등학교 3학년)를 능숙하게 쓰게 됨(마음껏 글씨를 크게 쓰게 한 결과).

- 주어, 술어, 조사, 수사를 학습.

- 세 자리 덧셈, 뺄셈을 가르침.

- 영어의 명사, 형용사, 동사의 구분을 가르치고, 간단한 문장은 읽고 이해함.

- 그림도구를 구입.

- 장문의 책을 아버지와 교대로 읽어주는 놀이를 즐기게 됨. 영어 리스닝에 익숙해짐.

- 음악, 영어 리스닝을 하루 종일 들려줌.

- 책 ― 전쟁의 비참함과 평화의 소중함을 가르쳐주는 동화책, 구몬 독서 코스 B, 레오 리오니의 「으뜸 헤엄이」, 「새앙 쥐와 태엽 쥐」, 「물고기는 물고기야」, 「프레드릭」, 상상력을 키워주는 책, 전래 동화, 남을 도와주는 마음을 키워주는 책, 동물들과 마음을 교감할 수 있는 동화책, 세상을 긍정적으로 바라볼 수 있는 동화책.

※ 하루의 일과표를 정해서 생활습관을 확립시켜 줌. '교육'은 기회와 선택지를 넓혀 준다고 생각하고, 아이가 무엇을 하고 싶은가, 무엇에 흥미가 있는가를 관찰하면서 교육하는 것이 중요.

3세 7개월 정도~3세 9개월 정도까지

- 작은 글씨도 쓸 수 있게 됨.

- 문장의 끝 표현 경어체, 수동태, 시제를 가르침.

- 아무리 긴 덧셈, 뺄셈이라도 할 수 있게 됨.

- 작은 글씨로 영어 스펠링을 쓸 수 있게 되고, 인칭대명사, Be 동사, 긍정문,
  부정문, 의문문을 이해.

- 모르는 것을 백과사전, 도감으로 찾는 법을 가르침.

- 복잡한 퍼즐과 블록.

- 음악, 영어 리스닝을 하루 종일 들려 줌.

- 책 ― 전쟁의 무서움과 비참함을 깨닫게 해주는 책, 한국 동화명작선, 우정과
  학습의 중요성을 깨우쳐주는 책, 전통풍습과 관련된 동화책, 세계동화 걸작
  선, 「말괄량이 삐삐」의 작가 린드그렌의 작품 「용감한 형제」 등 구몬 독서 코
  스 C, 장애를 가진 아이들의 용기 있는 삶에 관한 책, 자연의 소중함을 가르
  쳐주는 책 등.

※ 초보적인 생활습관의 확립. 매일 2~3시간 학습하는 습관을 갖게 됨(학습습
관의 확립). 인내하고 노력해서 달성한 기쁨을 체험하고 활기차게 학습에 임함.

3세 9개월 정도~3세 11개월 정도까지

- 한자는 초등학교 수준, 부수도 가르침.
- 문장이 무엇에 관한 것인지를 생각하게 해줌.
- 곱셈을 가르침.
- 나눗셈을 가르침.
- 간단한 영어회화가 가능해지고, 일반 동사의 부정문, 의문문을 이해. 명령문, 현재진행형, 과거를 이해.
- 영어사전 사용법을 가르침.
- 2000년도 구몬 전국 진도 일본 1위 우수상(영어, 산수, 국어).
- 책 ─ 한국 전래동화, 편식하지 않도록 음식에 대해 가르쳐주는 책, 미야자와 겐지 작품 「주문이 많은 요릿집」, 「은하철도의 밤」 등 전쟁의 아픔을 깨우쳐 주는 책, 가족의 소중함을 깨닫게 하는 책, 에디슨 전기 등 위인전기 동화, 린 드그렌 작품집, P.L 트래버스 작품「메리 포핀스」등 에드먼드 힐딕의 어린이 탐정 동화 작품, 구몬 독서 코스 D 등.

※ 아이는 귀여움을 받고, 소중하게 대해주면 자기 긍정적으로 생각하고, 어른들을 슬프게 하는 일은 하지 않는다고 생각함.

3세 11개월 정도~4세 정도까지

- 문장 속에서 중심 '명제'를 찾아내는 연습.
- 문장 논리의 흐름을 파악하는 연습.
- 두 자리×두 자리, 세 자리×두 자리의 곱셈을 가르침.
- 두 자리 나눗셈을 가르침.
- 약분을 가르침.
- 영어 리스닝에 중점을 두고, 일반 동사의 과거 의문문, 부정문, 의문사 의문문을 이해시킴.
- 책 ― 전쟁의 무서움과 평화의 소중함을 일깨워주는 책, 평소에 아무렇지 않게 여기고 있는 것들의 의미와 존재를 가르쳐주는 책(공기, 물 등), 아케치 코고로가 등장하는 탐정소설 「천장 위의 산책자」, 「황금 가면」, 「괴인 20면상」, 「이상한 나라의 앨리스」, 로버트 루이스 스티븐슨의 「보물섬」, 하이엘 다르의 「콘치키호 표류기」, 과학에 흥미를 주는 책, 자연에 흥미를 끌게 해주는 책, 「알프스 소녀 하이디」, 「퀴리 부인」, 구몬 독서 코스 E 등.

※ 부모의 지시에 따르지 않는 경우가 조금씩 나타나는 시기로, 왜 하지 않으면 안 되는지를 미래의 비전을 포함해서 서로 얘기하고, 싫어도 참고 끝까지 하는 것의 의미를 가르침.

4세 정도~4세 1개월 정도까지

- 장문의 책을 혼자서 묵독할 수 있게 됨.
- 초등학교 5학년 한자 학습, 동음어를 가르침.
- 계산능력 확립을 위해 다시 한 번 한 자리 덧셈부터 복습함(계산력 훈련).
- 영어, 기본적인 조동사를 사용하는 문장을 가르침. 품사, 문장의 요소를 가르 침. 영어검정 5급을 중고등학생과 같이 수험(불합격).
- 책 — 운동에 흥미를 느낄 수 있는 책, 한국 전래동화 전집, 동시, 자연의 순환 이나 연결성을 알려주는 책, 초등학교 교과서 주요 과목 1~6학년 전부.
- 수영학교 입학.

※ 사회성을 길러주기 위해 유치원에서 친구들과의 트러블을 어떻게 생각하고, 어떻게 해결하는가에 대해 서로 얘기함. 리더십에 관해서 서로 얘기함. 독서습 관의 확립. 조금 난이도가 높은 책은 내용을 설명하거나, 감상을 얘기해 보면서 서로 얘기함.

4세 2개월 정도~4세 4개월 정도까지

- 문장 속에서 질문이 요구하는 정보를 '선'을 그으면서 확인하는 작업을 가르침.
- 책을 읽으면서 질문에 대해 정확하게 대답하는 힘을 키움.
- 덧셈, 뺄셈, 곱셈, 나눗셈의 복습. 계산력 트레이닝. 분수, 부정사를 포함한 구, 동명사를 포함한 구를 가르침.
- 컴퓨터 자판을 가르침.
- 책 ― 전쟁체험을 할 수 있는 책, 외국 명작동화, 산다는 것과 생명의 의미를 깨닫게 해주는 책, 세계지도 그림책, 환경보존의 중요성을 깨우쳐주는 동화책 등.
- 자동차 장난감을 좋아해서 건설차량, 이동 판매차량, 스포츠카 등을 가지고 오랜 시간을 혼자서 놀게 됨. 그림도 자동차만 그림.

※ 편지를 쓰는 즐거움을 가르침. '자신의 일은 자신이 하는' 것을 곁에서 지켜보며 가르침. 휴일에는 하루 3~4시간씩 공부하게 됨. 완전히 이해하고 있는 부분은 방에서 혼자서 학습할 수 있게 됨.

4세 4개월 정도~4세 6개월 정도까지

- 초등학교 5학년까지의 한자 총정리, 총복습.
- 분수의 덧셈 · 뺄셈 · 곱셈 · 나눗셈, 분수와 소수.
- 영어, 부정사를 용법별로 가르침.
- 컴퓨터에 흥미를 느낌. 기본 조작법을 가르침.
- 모던댄스 연습 시작.
- 책 ─ 역사를 공부할 수 있는 책, 「시튼 동물기」, 에리히 게스트너 「하늘을 나는 교실」, 「괴도 신사 루팡」, 「그리스 신화」, 「나이팅게일」, 미야자키 하야오의 「마녀 배달부 키키」, 전쟁의 비참함을 깨우쳐주는 책, 버지니아 리 버튼의 「생명의 기원」 등.
- 체스, 오셀로 게임.

※ 아이는 본래에 자유롭게 행동하는 존재. 인간으로서의 교육과 훈련을 싫어해도 능숙하게 시키는 것에서 시작해야 함.

일기 쓰기를 가르침. 계산력과 함께 스피드가 향상됨. 요리에 흥미를 느껴 핫케이크나 계란프라이 등을 될 수 있으면 체험시킴.

4세 6개월 정도~5세 정도까지

- 초등학교 6학년 수준의 한자 학습.
- 복수의 문장을 한 문장으로 정리하거나, 한 문장을 두 문장, 두 문장을 한 문장으로 바꾸는 학습을 함.
- 관용구, 사자성어 학습.
- 분수의 가감잉여, 사칙연산, 소수 등을 가르침.
- 영어, 수동태, 현재완료, 5가지 기본시제의 문형을 가르침. 영어회화(미국인) 개인 레슨을 시작. 구몬 전국 유아우수아 인정테스트(영어) 합격.
- 미술학원.
- 2001년도 구몬 전국 진도 일본 1위(영어, 산수, 국어).
- 책 — 「어린왕자」, 「모모」, 「파브르 곤충기」, 「15소년 표류기」, 「키다리 아저씨」, 「초원의 집」, 구몬 독서 코스 F 등.

※ 1년마다 성장획득목표를 정하고 매일 꾸준히 노력한 결과, 집중력과 지속력이 생겼고, 다양한 것에 흥미를 갖고, 많은 지식도 흡수, 무슨 일이든 최선을 다해 반복해서 도전하는 정서가 풍요로운 아이로 성장함.

5세 정도~5세 5개월 정도까지

- 문장 독해력을 키우기 위해 문장을 짧게 정리하면서 장문을 읽고서 연습함.

- 관용구, 대의어, 유의어를 교육한자 이외의 상용한자 학습을 하면서 공부함.

- 정수의 덧셈, 나눗셈, 사칙연산, 방정식을 학습.

- 영어, 현재분사, 과거분사, 관계대명사, 관계부사 용법 학습. 영어검정 5급 · 4급 동시 합격.

- 책 ―「크리스마스 캐럴」, 셰익스피어 작품집, 위인들의 어린 시절 작품집, 언어발달을 위한 표현력과 감성을 키워주는 책, 구몬 독서 코스 G 등.

※ 중학생과 함께 영어검정시험을 수험. 두려워하지 않고 즐겁게 참가. 수험공부도 의욕적으로 임해서 힘들어도 목표달성을 위해 매일 꾸준히 공부하는 힘이 생김.

5세 5개월 정도~5세 10개월 정도까지

- 문장 독해력을 익히기 위해 무엇에 대해, 어떤 식으로 부연해 갈 것인가를 잘 생각하고, 짧게 요약하는 연습.
- 문자방정식, 이차연립방정식, 삼 · 사차연립방정식, 함수와 그래프를 학습.
- 영어, 영어검정 3급 합격, 구몬 영어 중학과정 테스트 합격(중학교 영어 수료).
- 책 — 중 · 고 수학코스 학습서, 어떻게 살 것인가를 깨우쳐주는 책, 나츠메 소세키 작품집, 셜록 홈스 추리소설, 역경에도 굴하지 않고 꿋꿋이 살아가는 사람들에 관한 책 등.

※ 노래, 모던댄스, 수영, 영어회화, 미술, 학습과 무슨 일에든 적극적으로 참가함. 의욕과 집중력이 괄목할 만하게 발달함. 매일 꾸준한 노력이 '능력'으로 이어지는 것을 실감함.

5세 10개월 정도~6세 4개월 정도까지

- 교육한자 이외의 상용한자 학습. 환언, 묘사, 비유를 학습.

- 구몬 수학 전국 유아우수아과정 테스트 합격.

- 인수분해, 이차방정식 학습.

- 주어와 술어에 주의해서 영문을 읽는 능력을 갖춤. 시제일치, 관계대명사를 포함한 영문을 읽음.

- 2002년도 구몬 전국 진도 일본 1위(영어, 국어), 2위(산수).

- 구몬 전국 유아우수아과정 국어 테스트 합격.

- 책 ─「오체불만족」, 바르게 생각하고 긍정적인 사고를 키워주기 위한 책, 「나는 고양이로소이다」, 바른 독서법을 가르치는 책, 역경을 헤치고 살아가는 사람들의 이야기, 캐서린 페터슨「내가 사랑한 야곱」, 한스 페터 리히터 「그때 프리드리히가 있었다」, 구몬 독서 코스 H, 엘레나 포터「금발의 소녀 마가렛」, 생명의 소중함을 일깨워 주는 책 등.

※ 자기 자신의 충동을 컨트롤하는 방법을 학습시키고, 몸에 익히는 것을 목표로 아이를 키움.

6세 4개월 정도~6세 7개월 정도까지

- 문장의 상호관계나 어구에 주의해서 문장을 요약하는 것을 학습. 상용한자 학습.
- 이차방정식, 이차함수와 그래프, 인수분해, 분수식 학습.
- 과거완료, 화법을 포함한 영문 독해학습, 고등학교 초급 수준의 분사 구문, 가정법 이해.
- 책 ― 가와바타 야스나리 「이즈의 무희」, 헤르만 헷세 「수레바퀴 밑에서」, 「서유기」, 「벌거벗은 임금님」, 세계 풍습이나 문화를 소개하는 책, 다자이 오사무 「달려라 메로스」, 바른 표현과 언어사용을 위한 책, 탐정추리 소설, 「안네의 일기」, 로알드 달 「찰리와 초콜릿 공장」, 「마틸다」 등.

※ 초등학교 입학까지 초등학교 3학년 정도까지의 학력을 키워주는 것을 목표로 아이를 키움.

6세 7개월 정도~7세 정도까지

- 문장의 논점과 화제를 정리해서 파악하고, 문장 요약을 학습. 어휘, 문법, 장문독해 학습.
- 무리수, 이차방정식, 허수, 판별식, 해와 계수의 관계, 연립방정식, 나머지 정리, 인수분해, 경우의 수, 순열, 이항 정리, 확률들을 학습.
- 구몬 전국 유아우수아과정 수학 테스트 합격.
- 부정구문, 강조구문의 영문독해, 고등학교 중급수준 어휘력.
- 책 ―「파파라기」, 구몬 독서코스 I, 나츠메 소세키 「마음」, 다니엘 스틸 「그 애의 밝은 빛(His Bright Light)」, 오토프리트 프로이슬러 「꼬마 마녀」 등.

※ 초등학교 입학까지 하루 2시간 정도의 학습습관 확립을 목표로 아이를 키움.

(원제 : 子供を天才に育てたい人は讀んで下さい)

똑똑한 엄마, 똑똑한 아이 키우기

초판 1쇄 발행 ‖ 2011년 3월 20일

지은이 ‖ 마츠미야 카시코
옮긴이 ‖ 강성욱
그 림 ‖ 조광래
디자인 ‖ 강희연
마케팅 ‖ 김종호
펴낸이 ‖ 김규현
펴낸곳 ‖ 경성라인
주 소 ‖ 경기도 고양시 일산동구 백석2동 1456—5
전 화 ‖ 031) 907−9702
팩 스 ‖ 031) 907−9703
E—mail ‖ kyungsungline@hanmail.net
등 록 ‖ 1994년 1월 15일(제311—1994—000002호)

ISBN 978-89-5564-113-4 (13370)

정가 ‖ 10,000원